AF216875

10 Tipps, mit denen Sie sich
Weihnachten so richtig versauen
können!
Niederrheinische Anekdoten unterm
Weihnachtsbaum.

Für Maya Sophie.

Mein kleiner Sonnensturm

Hilfe, et Weihnachtet!

Impressum
Autor: Steffen Kersken
© Rechte Steffen Kersken
Dritte Auflage
Umschlag Steffen Kersken & Verlag Tredition
Verlag: Tredition GmbH Hamburg
Lektorat: lektorat-weirauch.de
Bilder: Pixabay.com

Hilfe, et Weihnachtet! 10 Tipps, wie Sie sich Weihnachten versauen!Niederrheinische Anekdoten unterm Weihnachtsbaum

ISBN:
978-3-7439-0812-3(Paperback)
978-3-7439-0813-0(Hardcover)
978-3-7439-0814-7(e-Book)

Printed in Germany

Steffen Kersken schreibt in seinen Büchern über das „Mensch sein" und beschäftigt sich in unterschiedlichen Formen mit prägenden Begriffen wie: Liebe, Verantwortung, Perfektionismus, Erwartungshaltung, das Scheitern, Verletzung und Schmerz, Hoffnung, Verzeihen, Glück, Alter, Krankheit, Trauer, Geborgenheit, Bedürfnissen, schwach sein und vielen mehr! Der Literatur-Nachwuchspreisträger von 2003 und ehemalige Handball-Jugend-National-spieler widmet sich in seiner niederrheinischen Art, mit Humor und kleinen Anekdoten, aber auch mit nachdenklichen Texten, Reflexionen und Gedichten diesen lebensnahen Themen. Nicht selten gleitet eine humorvolle, lustige Anekdote in ein Gedicht oder gedankenvollen Prosa-text über. "Da machste nix dran!" von 2013, über die Psychologie des Niederrheiners, wurde zum Best-seller. "Dat is Ansichtssache!", schaffte es in die Amazon Top 300 Bestseller-Liste, wodurch er, ähnlich wie Hanns-Dieter Hüsch, den Niederrhein auch wieder überregional bekannt machte.
Informationen: SteffenKersken.de

Vorwort

Die Sonne scheint, es sind 28 Grad, Bienen fliegen summend um meine Flasche Rioja herum, während ich mich in meinen Flipflops leger zurücklehne, um die weißen Wölkchen am Himmel zu beobachten. Vor mir steht der Laptop und ich schreibe in kurzen Hosen im Hochsommer über Weihnachten! Skurril, aber irgendwie keimt ein Gefühl der weihnachtlichen Vorfreude in mir auf. Ich kann schon richtig sehen, wie der grüne, von der Sonne teilweise ausgezehrte Rasen mit Schnee bedeckt ist und kleine, glitzernde Flöckchen vom orangenen Winterhimmel Richtung Boden fallen. Nur den mobilen Pool muss ich mir noch wegdenken und meine 2-jährige Tochter, die nur mit einer Schippe und Sonnenhut bekleidet auf mich zugerannt kommt. Die Wärme und die sommerliche Stimmung lassen mich ganz entspannt über Weihnachten nachdenken, über den Weihnachts-Stress, die Fressorgien, die Marathon-Termine mit den lieben Verwandten, überall Menschenmassen in den Straßen, Konsum und Werbung, wo man auch nur hingeht, und überall das hypnotische Blinken bunter Weihnachtsbeleuchtung, die dir suggeriert: Sei glücklich, besinnlich und bescheiden, aber kaufe ein! Am besten bei uns! Ich wollte deshalb unbedingt einmal ein Buch über Weihnachten schreiben, denn durch meine berufliche Erfahrung als Ergotherapeut in der Psychiatrie weiß ich, dass viele Menschen gerade zur Weihnachtszeit geradezu Panikattacken erleben, Horrorgedanken entwickeln, im Konsum versinken, der Stress- und der Adrenalinspiegel steigt und nicht selten brechen unterschwellige Konflikte mit Mitmenschen auf, weil sie den ganzen Tag aufeinanderhängen und nicht gerade konfliktbewusst miteinander kommunizieren. Kurz gesagt: Weihnachten ist nicht immer das, was es eigentlich sein sollte: friedvoll, voller Besinnlichkeit und Wärme, ein Augenblick des Verweilens und Nachdenkens, des Miteinanders und christlicher Nächstenliebe, schlicht ein heller, wärmender Moment in der Kälte und Dunkelheit des Winters. Weihnachten sollte doch eigentlich dazu beitragen, gemeinsam unser Leben zu feiern, dass es uns gut geht, wir alle gesund beisammen sind und vor allem feiern wir die Geburt Jesu. Ein Fest der Liebe und Vergebung, das auf dieser Welt weit verbreitet ist, gefeiert wird und unsere verschiedenen Völker und Kulturen verbindet. Schon die Römer, Germanen, Kelten und Perser zelebrierten Weihnachten als Sonnenwende. Viele Menschen feiern heute Weihnachten, obwohl sie eigentlich keine gläubigen Christen sind. Die Advents- und Weih- nachtsbräuche haben zwar christliche Wurzeln, aber für Menschen in westlich geprägten Ländern ist Weihnachten eher ein kulturelles als religiöses Fest. Sei es drum, denn es ist doch völlig egal, warum wir Menschen letztendlich zusammenkommen und ein paar liebevolle Stunden miteinander verbringen. Aber wäre das doch mal so! Es fängt mit dem Schmücken des Weihnachtsbaumes an, überkandidelt, versnobt, bis hin zum geschmacklichen Irrtum ist jedes Jahr etwas dabei! Gott sei Dank, die Tanne schweigt dazu! Geschenke- Stress, Einkaufs-Stress, Koch- marathon, Putz-Orgie, Deko-Hysterie, Termin-Hetze und zeremonieller Wahnsinn bringen uns zur Verzweiflung und bis vor die Selbstaufgabe! Da hilft für viele nur der Blick in den Glühwein- Bottich. Vielleicht wissen wir um diese Problematik, aber irgendwie schaffen wir es wieder nicht, diesem Kreislauf aus Konsum und moderner

Patchwork-Feier zu entkommen. Und dann kommt auch noch der Heiligabend mit der zerstrittenen, buckligen Verwandtschaft, der quasselnden Schwägerin, dem narzisstischen Großonkel, ein Marinefeldwebel a. D., und dem schweigsamen Bruder, der nur zum Weinnippen den Mund öffnet. Darauf folgen Problemlöse-Ansätze in niederrheinischer Dickkopfmanier und spannende Schuldzuweisungen für ungelöste Konflikte. Engelsgesang und Geschenk-Ausgabe unterbrechen das fröhliche Streiten, per Knopfdruck bricht Besinnlichkeit über die Familie ein, damit sich zum Abschluss der Rotwein-Mantel der Gänsebrust über das Schweigen legt. Prost und Mahlzeit, ade, Fest der Liebe! Perfektionismus, Stress, Erwartungshaltungen, Konflikte und Konsum sind Überbegriffe, die unser Weihnachtsfest neu modern beherrschen. In diesem Buch finden Sie deshalb kleine, ironische Tipps, wie Sie sich dieses Jahr das Weihnachtsfest auf jeden Fall wieder so richtig versauen können. Sicher ist sicher! Die Tipps sind gespickt mit einigen niederrheinischen Anekdoten rund um das Weihnachts-fest. Warum muss der Niederrheiner wieder herhalten? Weil er mit seiner herzlichen Art, seinem trockenen

Sarkasmus, seiner liebevollen Offenheit, unbedachten Sichtweisen, wundervollen Charakterzügen und fundamentiertem Halbwissen die Eigenarten und die Skurrilität der missglückten Weihnachtsfeier offenlegt. Aber er tut das mit Herz, Humor und Seele! Also, wenn es dieses Mal mit der Besinnlichkeit klappen soll, dann sollten Sie genau das Gegenteil von dem tun, was meine Tipps beschreiben, oder noch besser, genau das Gegenteil von dem tun, was Sie an Weihnachten sonst immer tun! Vielleicht klappt es ja dieses Jahr mit einem besinnlichen Fest, zumindest die Hoffnung besteht dazu! Einen Versuch ist es immer wert!

Euer **Steffen Kersken**

Weihnachten muss der perfekteste und schönste Tag des Jahres sein!

Leben Sie in der Weihnachtszeit Ihren Perfektionismus und Ihre zwanghaften Anteile aus, denn eines ist klar: Zur schönsten Zeit des Jahres muss alles so harmonisch wie möglich ablaufen! Weihnachten kann nur schön sein, wenn alles perfekt ist und nach meinem Plan funktioniert! Gerade die Weihnachtszeit eignet sich zum Ausleben ausgeprägter Eigenschaften, unter denen vor allem die Mitmenschen zu leiden haben. Und aus eigener Erfahrung wissen Sie: Perfektionismus, Druck und Erwartungshaltungen fördern die Leistungsfähigkeit. Viel Druck hilft viel und in allen Lebenslagen. Er ist deshalb äußerst nützlich, schließlich sind moderne Menschen quasi stressresistent, und mal ehrlich, ohne Druck können und wollen wir doch gar nicht mehr leben oder überleben! Wir werden ja tatsächlich schon früh an das Leistungsprinzip herangeführt. Psychologen sprechen davon, dass die

Sozialisation maßgeblich für unser Bewertungssystem verantwortlich ist. Die Erziehung durch unsere Eltern, unsere Vorbilder, die sozialen Kontakte und gesellschaftliche Strukturen bilden unsere hohen Erwartungshaltungen und Wertesysteme aus. Deshalb ticken wir so, wie wir ticken, weil wir als Erstes durch unser Umfeld maßgeblich geprägt werden. Ich bin ja am Niederrhein aufgewachsen ... worden und der Niederrhein ist in seiner landschaftlichen Schönheit bekanntlich unheimlich facettenreich! Deshalb ist der Typ Niederrheiner an und für sich vielleicht auch so facettenreich und voller charakterlichem Reichtum, so sach ich ja immer: *charakterlicher Reichtum!* Der Niederrheiner ist so und bleibt so, wie er ist, vor allem wegen seiner Sozialisation. Wegen dem Niederrhein eben. Er hat so liebevolle Macken, mit denen man den Unterschied zwischen Kranksein und Macke so richtig verdeutlichen kann. Und Fehler zu haben, ist in Zeiten von Perfektionismus und Leistungsdruck ja so enorm wichtig! Sich zu lieben mit seinen eigenen Macken und sich nicht in allem verbiegen zu lassen, tut uns gut! Und mal ehrlich, uns nicht zu mögen, das tun wir ja schon oft genug, und das macht bekanntlich auch krank: Immer und überall perfekt sein zu wollen! Die Menschen hier am Niederrhein, ihre ganze Seele, ihr Sprechen, ihr Denken und ihr Fühlen ist Niederrhein. Niederrhein ist eben nicht moderne Patchwork-Gesellschaft! Der Niederrheiner ist lebensfroh, mit liebenswerten Macken und immer mit einer helfenden Hand. Mal laut, mal leise, mal lachend oder mal leidend. Ja und so gegensätzlich ist der Niederrhein auch: mal flach, mal bergig, mal flussdurchtränkt, mal ausgetrocknet, mal still, mal aufgewühlt und mal begradigt. Der Niederrheiner strebt nicht nach Perfektionismus, ihm gelingt auch nicht immer alles. „Aber dat is auch gut so!", sach ich immer, dat ihm nicht immer alles gelingt und ihm seine Macken oftmals im Wege stehen. Aber heutzutage muss alles nach Plan laufen, korrekt sein, bloß keine Fehler, nicht Nein sagen und immer funktionieren. Immer aufstehen, weiter, voran, studieren, dreimal um die Welt und zurück, aber das macht bekanntlich krank. Niederrheinisch zu leben könnte heute wertvoller denn je sein. Eigene Macken zu akzeptieren und damit zu leben, macht gesund, so einfach könnte man es formulieren, wenn das Leben auch so einfach wäre. Als Ergotherapeut teile ich die Niederrheiner immer gerne in verschiedene psychologische Kategorien ein. Eine Kategorie, die so fürchterlich korrekt und perfektionistisch, strukturiert denkt, besteht aus dem Klugscheißer vom Kloster Kamp. Ich weiß nicht, ob Sie schon mal von ihm gehört haben oder sogar einen kennen, auch das hat man ja schon mal, dass man einen Klugscheißer persönlich kennt! Das Kloster Kamp ist jedenfalls eine ehemalige Abtei in Kamp Lintfort am Niederrhein und wurde 1123 gegründet, das nur am Rande für die Klugscheißer, ich möchte Sie ja mit mir nicht belasten. Wenn wir als Kind Mist gebaut hatten, sachte mein Oppa zum Beispiel immer zu uns: „Jetzt gibt et aber den Segen von Kloster Kamp! Dat sach ich euch aber!" Das bedeutete nämlich, jetzt gibt es Senge oder eins auf den Deckel. Er hat damit auch im Erwachsenenalter nicht aufgehört, nein, das konnte er nicht, da kam er nicht aus seiner Haut! Das Kloster liegt noch heute auf einer Anhöhe, von überall gut sichtbar, und thront drohend von oben herab über Lintfort. Deshalb sagten wir zu den

Besserwissern immer Klugscheißer von Kloster Kamp. Das Lexikon würde ihn deshalb wie folgt umschreiben:

Der Klugscheißer. Der Besserwisser. Fundiertes Halbwissen. Weiß alles, kann alles, kann dir tausend Ratschläge geben, auch wenn du et nicht möchtest! Der ehrgeizige Perfektionist! Moralische Instanz. Der Moralapostel schlechthin. Kläger, Richter und Henker zugleich. Der Besserwisser, der sich durch hartnäckiges Anlesen von Klappentexten ein fundiertes Halbwissen angelegt hat, das er dir bei jedem passenden Stichwort um die Ohren knallt. Das ist der narzisstische Theken-Philosoph vom Dienst.

„Ich weiß es nicht wirklich, nur so ungefähr, tu aber mal so und gebe auf jeden Fall meinen Senf dazu, und zwar so überzeugend, dat alle nachher meinen, dat ich recht habe!" So denkt der Klugscheißer von Kloster Kamp und er handelt mit Überzeugung! Neumodern liest der niederrheinische Klugscheißer jetzt immer Wikipedia statt Klappentexte von Büchern, ist ja günstiger. Aber auch nur quer. Et wird nur quergelesen, nie wat ganz. Sie müssen das mal beobachten, wenn Sie in einer niederrheinischen Stadt zu Besuch sind, da sitzt der Typ immer allein im Café mit dem Handy und liest quer, quasi als Vorbereitung für gesellschaftlich-soziale Abende. Dieser Typus sitzt meistens allein da, weil dat ja keine Frau lange aushält, permanent so eine Klugscheißerei!

Für diesen Typus gibt es zwei Ausprägungen, zum einen der Kneipengänger, der seine Allwissenheit über die Gäste versprüht, dieser Typ kann alles, weiß alles, und diese Tatsache schmiert er auch den Umstehenden aufs Butterbrot oder ins Bier hinein. Der Typ ist in der Lage, dich an den Rand zu diskutieren, und du hast überhaupt keine Chance, deine Meinung im Ansatz zu äußern oder dass er dich und deine Ansichten wirklich versteht oder er dich verstehen möchte! In der Kneipe markiert er den unantastbaren Moralapostel, welcher bewertet und richtet, wie es ihm beliebt. Er steht ja über den Dingen und Menschen, der Typus ist unangreifbar für Präsidenten, Kanzlerinnen und Kanzler, Prominente, aber auch für Ausländer, Kneipengänger und den Nachbarn von nebenan. Es ist gefährlich, mit ihm zu diskutieren, gerade dann, wenn er sich Mut angetrunken hat, denn dann liebt er es, sich mit den Menschen um ihn herum anzulegen und sich zu messen. Der Klugscheißer ist natürlich selber an nichts schuld. A wat, er doch nicht! No, Non, Niet, Geen, Uimh, Nei, Ingen! Der Typ trägt die weißeste Weste von Neukirchen-Vluyn bis Orsoy. Er ist der Unschuldsengel von Monteverde! Dabei müsste ich sagen, er ist der singende Engel aus Tirol! Wenn du einen solchen Typen an die Wand diskutiert hast, gibt er dir im Leben nicht recht, er sagt nur lapidar: „Dat is Ansichtssache!"

Du könntest ihm eine vom Bürgermeister beglaubigte Urkunde vorlegen, die dir absolut und unausweichlich recht gibt, aber der Typ würde die Urkunde beiseiteschieben und sagen: „Dat is Ansichtssache!" Sie sollten es dabei belassen, damit alle Leute wieder in Ruhe ihr Bier trinken können und sich der Sturm legt.

Die andere Ausprägung meidet eher die große Kneipenbühne, lebt aber seinen Sturkopf in Form seiner perfektionistischen Strukturen aus. Nehmen wir mal an, entgegen aller Wettervorhersagen erstrahlt die Sonne am Niederrhein und Du möchtest mal eine schöne Fahrradtour von Wachtendonk zum Hülser Berg machen. Jetzt rufst Du diesen Sturkopp an, ob er mitmöchte: „Hömma, die Sonne scheint und wir sind gerade mit dem Fahrrad Richtung Hülser Berg, wollt ihr nicht mitkommen?" Da kommt er dir mit einer total lapidaren Ausrede um die Ecke, vollkommen ohne Sinn und Zweck: „Nee danke, aber wir sind gerade am Kochen, wir machen Kohlrabi mit Kartoffeln, Rost- bratwurst und Buttersauce!"

„Dat is doch wirklich nicht schlimm, hömma! Ihr könnt doch dann einfach später essen!"

„Nee, wir essen immer mittags um eins!" „Aber ihr könnt doch bei dem Wetter mal eine Ausnahme machen, wo es doch so schön ist, dann esst ihr halt mal um 16 Uhr." „Nein, dat mit dem mittags essen haben wir schon immer so gemacht. Immer! Wir haben außerdem um 16 Uhr auch gar keinen Hunger mehr!"

„Ja, dann fahren wir eben hoch auf den Berg und essen pünktlich um eins im Restaurant!" „Nee, weißt du, ich glaube, die Birgit will auch gar nicht Rad fahren!" „Woher weißt du das denn? Hast du die Birgit denn gefragt, ob sie Rad fahren möchte?" „Nee, dat weiß ich einfach!" „Also dat hört sich aber komisch an!"

„Dat liegt auch an ihren Hämorriden, weißt du, die hat wieder Malesse mit de Hämorriden!" „Die Birgit ist gestern aber noch mit dem Rad zu Aldi gefahren, dat hab ich persönlich gesehen und sie hatte nicht gerade ein schmerzverzerrtes Gesicht!" „Dat war auch morgens und nicht mittags um eins, wo die nach Aldi gefahren ist!"

„Ach so, kommen die Hämorriden jetzt immer nur mittags um eins?"

„Nein, dat nicht. Aber wir können einfach nicht!" Daran sieht man, der Typ kommt nicht aus seiner Haut, er ist so in seinem Tunnel und seiner Struktur drin, dass Flexibilität für ihn ein Fremdwort ist! Der Typ müsste eigentlich Spontaneität trainieren, auch wenn sich dabei dann der Sinn von Spontaneität aufhebt, aber anders kriegt er das scheinbar nicht hin! Aber es gibt wirklich Leute, bei denen muss alles akkurat sein, immer akkurat gekleidet, immer aufgeräumt, alles Tipptopp. Solche Leute fühlen sich im Kopp nur gut, wenn die Bude aufgeräumt ist - oder andersherum, wenn die innerlich durch den Wind sind, dann fangen sie an ihre Bude aufzuräumen, dann fühlen sie sich besser. Meinen sie zumindest, dass dadurch alles besser wird. Ich versuche meiner Tochter schon früh zu vermitteln, dass wir gar nicht alles in Ordnung halten können, also innerliche wie äußerliche Ordnung. Wenn sie auf der Suche ist, sage ich immer zu ihr: „Nichts ist verloren, mein Kind, auch wenn du etwas gerade jetzt nicht finden kannst. Alles hat seine Zeit. Außer deine Mutter weiß auch nicht, wo es ist. Dann ist es für immer und ewig weg!"

Jetzt Ostersonntag war das Wetter doch so schön und ich fahr mit dem Fahrrad hinten durch Holderbusch in Richtung Schwafheimer Meer, da sehe ich, wie die Erika ter Strücksken die Fenster putzt. Sie müssen wissen, dass wir am Niederrhein schon von jeher so komische Namen hatten, dat war aus der geschichtlichen Betrachtung heraus immer so! Die Namensforscher nennen dat ja Präfixe, weil die Leute früher irgendwo dran, daneben, drauf oder bei etwas gewohnt haben. Die Leute hatten dann im Namen so komische Zusätze, zum Beispiel uff, an, op den, op gen und ter. Das waren also Hinweise im Namen, wo einer jetzt am Niederrhein beikommt. Und dat -sken war meistens die Verniedlichung von wat Großem bzw. in der direkten Generationen-Abfolge zu betrachten, also der Sohn oder die Tochter von einem Vater oder der Mutter. Also war die Erika ter Strücksken die Tochter ihrer Mutter und wohnte irgendwo am Struck, beim Struck, aufm Struck oder zumindest nahe dran. Aber genug davon, ich möchte Sie ja nicht mit mir belasten. Die Erika ist an sich ja eine ganz liebe Person. Doch! Doch! Dat muss ich schon sagen, dat is ne liebe! Also nett war sie immer, gar keine Frage! Auch ihr Mann Ernst, immer nett, immer grinsend, aber der Ernst hat ja letzten Winter eine schlimme Winter-Depression bekommen, also so richtig schlimm! Dat sacht man sich ja, aber da müssten sich auch schon ganz viele Leute täuschen, wenn der Ernst keine Depression hätte, also ganz viele! Ganz schlimm! Ganz schlimm! Knalle depressiv der Mann, aber so wat von depressiv. Eigentlich schade, weil der ja immer so lustig war, sollte man nicht meinen, datt der depressiv ist. Der Ernst hatte eigentlich immer einen Spruch parat, egal wo man war, egal wo man stand oder ob schlecht Wetter war, der Ernst konnte einen immer zum Lachen bringen. Er war nur scheinbar total depressiv dabei! Die Waltraud ter Steegen sacht ja, et läge am Sohn. Die Waltraud hatte ich nämlich in Baerl beim Einkaufen getroffen, müssen Sie wissen, und die sacht auch, der Jung vom Ernst soll ja so

23

intelligent gewesen sein, also so richtig intelligent. Der Jung hatte wohl drüben an der Heinrich-Heine-Schule einen Abi-Schnitt mit 1,8 und wat is? Er würde jetzt irgendwo auf dem Land bei Kevelaer in einer Gärtnerei arbeiten, angeblich in der Frühlingssamenabteilung. Ganz schlimm! So sacht man sich ja. Und dat mit einem Abi-Schnitt von 1,8! „Fürchterlich!", sachte noch die Waltraud, „und daran muss der Ernst wohl zerbrochen sein! So sacht man sich hier. Und alles nur, weil der Jung kein Akademiker geworden ist! Schlimm!" „Ja!", sach ich noch zur Waltraud, „wenn der Jung doch Blumen mag! Soll er doch machen! Ich sach ja immer, wenn einer genau weiß, wat er mag, dann soll er doch machen! Ja soll er doch gefälligst machen! Dann ist die Welt doch in Ordnung! Alles in Ordnung! Soll er doch machen!" „Aber ich kann den Ernst da mit seiner Depression gut verstehen!", sachte mir die Waltraud noch beim Gehen. „Er war so ein lustiger, aufgeschlossener Mann, aber dann wie aus dem nichts so wat von depressiv! Schade!", sachte die Waltraud. „Wirklich schade! So Leute mit Depression kann man ja heutzutage gar nicht mehr einladen. Ja wirklich! Die ziehen mit ihrer Laune

jede Party mit in den Abgrund! Aber so wat von! Da ist die Stimmung auf Halbmast! Aber schade um den Ernst! Schade! Ich habe ihn wirklich sehr gemocht." „Also Waltraud!", sach ich, „der Ernst ist doch nicht tot! Mal ehrlich, noch nicht!"
Sacht die Waltraud: „Der Ernst sitzt nur noch in Ballonseide auf dem Sofa, guckt fern oder in sein Handy rein, ansonsten macht er rein gar nix mehr! Sacht man sich." Sogar, wenn Gäste kämen, würde der Ernst mit Ballonseide die Leute empfangen, auch letztes Weihnachten wäre dat so gewesen, sachte die Waltraud zu mir in Baerl. „Wegen der Depression lebt der Ernst sein Leben nur noch rückwärts!", sachte die Waltraud. „Er wacht morgens müde auf und geht abends wach ins Bett!" Die Erika hätte der Gudrun erzählt, so sachte die Waltraud zu mir in Baerl, dat der Ernst wohl mal letztens ganz depressiv gesagt haben muss: „Der Wecker hat heute Morgen ganz lange geklingelt, ich weiß es nicht, aber es könnte was Wichtiges gewesen sein!" Aber die Waltraud sacht, der Ernst hätte neulich beim Rummy Cup noch was viel Schlimmeres zum Jupp gesacht: „Die Snoozetaste meines Weckers lässt mich mindestens sechsmal den schlimmsten Augenblick

des Tages verleben!" Dat muss den Jupp wohl völlig runtergezogen haben! Völlig! Jedenfalls hat der Jupp an dem Abend kein einziges Rummy-Spiel mehr gewonnen!

Und ich sach zur Erika ter Strücksken noch so beim Vorbeifahren:

„Erika, guck dir dat schöne Wetter an und du putzt die Fenster? " Ich wollte ja nicht wegen dem Ernst fragen, wat der so macht und wie et dem so geht. Et geht mich ja auch nichts an, dat mit dem Ernst und seine Depression. Da fragt man dann ja nicht einfach so direkt nach. Nein ehrlich, dat geht mich ja auch gar nichts an! Dat mit dem Ernst und seine Depression. Sacht die Erika:

„Ich hab die ganze Woche für heute dat Fensterputzen eingeplant, da kann ich doch jetzt nicht wegen der Sonne alles stehen und liegen lassen! Wie soll dat denn gehen?" Ich sach:

„Ja ganz einfach, einfach die Fenster morgen putzen!", aber dat kann die Erika nicht, einfach so etwas liegen lassen, das ist unmöglich! Die Erika war aber schon immer fast zwanghaft, die hat den Ernst ja auch erst geheiratet, 1979 war das, hier bei uns in der Friedenskirche in Oestrum, als sie das Geld für die eventuelle Scheidung zusammengespart hatte! Ich denk mir manchmal im Stillen: „Vielleicht ist der Ernst wegen der Erika so depressiv und der Jung mit seiner Frühlingssamenabteilung kann gar nix dafür!", aber ich sach das nicht. Dat geht mich ja auch alles nichts an!

Da haben wir dann wieder ein gutes Beispiel für dieses gewissenhafte Denken, immer funktionieren, nicht einfach fünf gerade lassen können. Psychologischen Studien zufolge soll besonders die Nachkriegsgeneration, geboren in den 50ern und 60ern, von dieser gewissenhaften Sozialisation betroffen sein. Deren Eltern, also meine Großeltern, waren ja traumatisiert, seelische Trümmer, und sie wurden gedrillt, Deutschland wieder aufzubauen. Da musste jedermann funktionieren und an-fassen, querschießen ging da nicht! Da hatte jeder Mensch seine Aufgabe und seine Rolle zu erfüllen. Die eigenen Bedürfnisse mussten hintenangestellt werden, und zwar hinter die Bedürfnisse des Volkes und anderer Menschen. Und die Werte unserer heutigen Gesellschaft sind immer noch auf Leistung ausgelegt, ob gesund oder nicht. Das Prinzip Fahrrad, also du bekommst das

Fahrrad, wenn du in Mathe mindestens eine Drei schreibst, haben viele schon in ihrer eigenen Sozialisation erlebt. Druck als Erziehungsmittel: funktionieren ist gut. Wer gut arbeitet, wird belohnt, kommt voran, wer schlecht arbeitet, wird abgemahnt. Überall Zeugnisse und Abmahnungen, Gehaltsgespräche und Fortbildungen. Immer voran, immer weiter! Dieses Denken hat sich in uns implantiert und als Verhaltensmuster und Denkmuster eingebrannt: Wenn die Musik angeht, springt das Zirkuspferd im Quadrat.

Aber was haben wir heute davon? Ellenbogen raus und Mobbing, Burnout, Depression und Panikstörungen sind die Folge. Es ist ja klar, dass viele Menschen auch im Kleinen genauso leben, wie man es Ihnen beigebracht hat, und sogar an Weihnachten! Also gesund ist das nicht! Überall Erwartungshaltungen: auf der Arbeit, in der Familie, in der Hobbytruppe, beim Sport und in der Kneipe. Überall Sichtweisen, Standpunkte, Pläne, Vorstellungen, Ansichten, Meinungen und Perspektiven. Man sollte das so, du musst, an der Stelle kann man, das sehe ich so und das kann man doch nicht machen, so wat! Wenn der Bekannte im Spätsommer sagt: „Ach,

Weihnachten steht ja auch schon wieder vor der Türe!", dann verkrampfen sich bei vielen Leuten die Fußzehen zu kleinen Wellensittich-Krallen, und zwar vor Stress! Und das im Spätsommer! Da fängt der Stress quasi geistig im Kopp an und endet irgendwann organisch an der Futt. „Schließlich kommt an Heiligabend meine geliebte Familie zu Besuch und alle bringen ihre eigenen Familien mit. Wie stehe ich denn da, wenn das alles nicht reibungslos klappt oder wenn das Essen nicht schmeckt! Ich steh dann da wie eine Flitzpiepe! Da lacht sich die Schwiegertochter doch schlapp, wenn dat bei mir nicht funktioniert! Außerdem habe ich ja schon immer für meine Familie gekocht, von Anfang an! Da kann ich doch nicht plötzlich sagen: So! Jetzt ist Schluss, das ist mir alles zu viel und wir sprechen uns ab, jeder bringt ein wenig mit und wir verteilen die Last. Wir haben dann alle gemeinsam einen schönen und entspannten Abend!" Nein, das geht doch nicht! Das ist doch peinlich! Peinlich ist das! Nein, das geht gar nicht! Die fünfzehn Leute mehr, was macht das schon? Am besten bereite ich drei Gerichte vor: Für Veganer, für Muslime, für Juden, für

Marsianer und für normale Menschen!
Die Partner meiner Kinder sind
international und sind damit
versorgt! Eine Gans, ein Hähnchen,
ein Sonnenblumen-Risotto,
Hamantaschen und die Marsianer
kriegen selbst eingelegte Senfgurken
niederrheinische Art!
Wenn es bei uns zu Hause anfängt zu
Weihnachten, dann sag ich mir immer
laut vor: „Man muss nicht immer mit
den Wölfen heulen!", wenn Sie
verstehen, was ich meine. Ich
versuche mich zumindest dem ganzen
Weihnachts- und Vorbereitungsstress
zu entziehen. Es gibt ja viele
Familien, die dem geregelten Ablauf
eines weihnachtlichen Brauchtums
folgen. Als Halbwaise habe ich
selber Weihnachten oft mit Vater und
Großvater verbracht, also ein
klassisches Männerweihnachten:
Ein Kasten Bier, zwei bis drei
Flaschen Wein, ein Aperitif und
Würstchen mit Kartoffelsalat.
Gesänge waren verpönt, dafür lief im
Hintergrund „Best of Classic Rock",
die Gespräche wurden auf das
nötigste reduziert und es gab eine
kurze, aber glückliche Bescherung.
Auf diese Weise zu feiern änderte
sich schlagartig, als ich in eine
Großfamilie eingeheiratet habe bzw.
nun selber zwei Kinder habe. Da

findet man plötzlich zum Christentum zurück oder es findet dich! Dat is Ansichtssache. Wenn mir zum Beispiel die Aufgabe zukommt, den Weihnachtsbaum zu schmücken, dann ziehe ich mich gegen Nachmittag des 24. Dezember ins Wohnzimmer in meinen IKEA-Schaukelstuhl zurück. Ich öffne eine Flasche feinsten Rioja, genieße die Ruhe vor dem Sturm und stelle strategische Überlegungen an, wie die Operation Weihnachtsbaum ablaufen könnte. Das A und O eines gelungenen Weihnachtsbaumes ist nämlich: Ruhe bewahren! Nichts überhastet vom Zaun brechen! Den Vogel, der morgens als Erster singt, holen abends die Katzen! Schließlich möchte ich dem Baum meinen eigenen Stempel aufdrücken! Ich blicke also gelassen aus dem Terrassenfenster, direkt auf den Oestrumer Kirchturm, gönne mir ein oder zwei Schlücke Rotwein auf nüchternen Magen, versuche zunächst Baum und Kiste mit Weihnachtsschmuck zu ignorieren. Ich kann mich nämlich am besten konzentrieren, wenn ich die zu erledigende Arbeit ignoriere. Nach weiteren Schlücken Rotwein entwickeln sich konkrete Ideen und ich beginne den Baum im Garten mit einer stumpfen Bügelsäge zu stutzen, über die ich mich jedes Jahr zutiefst ärgere, nur um ihn später unter schwerster Anstrengung in den neumodernen Baumständer zu zwängen. Zurück im Schaukelstuhl höre ich, wie meine Frau, trillernd in der Küche stehend, das Essen zubereitet. „Das Trillern ist ein gutes Zeichen!", denke ich noch. „Du hast Zeit!" Meine Strategie wird auch dieses Jahr wieder lauten: Die Eleganz überzeugt durch Schlichtheit!

Man muss es nur gut verkaufen können!

Plötzlich kommt es aus meiner Frau wie aus einer Pistole herausgeschossen: „Oh Gott, es ist ja schon wieder halb vier!" Dieser Satz, liebe Querdenker, ist der Beginn jeglicher Form von Stress und für mich der gefühlte Untergang des Abendlandes! Mit dem Satz wird mir jegliche Basis an Entspannung entzogen. Aber so wat von!

Ich nehme noch schnell einen Schluck Rioja, versuche ruhig zu bleiben und die Planung der Schmückung ruhig voranzutreiben: Eine Handvoll Lametta, drei oder vier bunte Glaskugeln, ein Holzengel in der oberen Etage und eine Reihe Wachskerzen, dat sollte reichen!

Et is schließlich eine Nordmann-Tanne und nicht Harald Glööckler, der in meinem Wohnzimmer steht! Liebe Querdenker, nicht dass Sie meinen, wir hätten keinen Weihnachtsschmuck! Doch, das haben wir! Ich hab tonnenweise Weihnachtsschmuck gekauft, nämlich in Duisburg auf dem Weihnachtsmarkt: „Da ist ein ganz toller Stand mit Weihnachtsschmuck, aber wirklich, gaaaaanz toll! Da müsst ihr unbedingt hin!", hat mal eine Mutter in der Krabbelgruppe zu meiner Frau gesagt. In der Kiste stehen jetzt Engelchen aus Holz, kleine süße Teddybären, glänzende Trompeten, Fanfaren und Goldsternchen mit Schneestaub. Gaaanz toll, einfach gaaanz toll, wie der teure Schmuck so das Jahr über in der Kiste zur Geltung kommt! Aber warum soll ich mir jetzt den Stress machen, mich zwischen Farben und Glitzer zu entscheiden, wenn es auch einfacher geht? Ist zwar schade, wenn man mal intellektuelle Gäste haben sollte und sie halt eben nicht die gewohnte Ouvertüre aus Edelhölzern und Marken-Krimskrams vorfinden. Hat man ja schon mal, nicht wahr: intellektuelle Gäste. Nee, das hat man schon mal! Neulich ist mir sogar passiert, dass ich sozusagen der intellektuelle Gast war und am Tisch wurde zu mir gesagt: „Ich mag Gäste, die den Unterschied zwischen seid und seit kennen!" „A wat!", sach ich und musste erst mal darüber nachdenken, wat der jetzt genau damit meint! Aber während ich gedanklich so am Baum arbeite, ruft meine Frau aus der Küche heraus: „Wat is mit dem Baum? Wann bist du denn endlich fertig, die Bescherung ist um fünf Uhr!" Ich sach: „Ja warum nicht schon um halb drei und am 23.!"

„Fünf Uhr! Wir haben die Bescherung schon immer um fünf Uhr gemacht! Dat is seit eh und je so!" Ich sach: „Also mit Oppa haben wir die Bescherung früher immer um acht Uhr gemacht und 1998 nach dem ersten Raclette hatte Oppa die Bescherung sogar erst am nächsten Morgen!"

Sacht meine Frau: „Und wann sollen wir dann essen?"

„Ja selbstverständlich nach der Bescherung!", sach ich.

„Ach, um ,halb zehn oder wat? Bis dahin sind unsere Kinder alle verhungert!" Ich sach: „Also ich kenne das nicht anders, wir haben immer so spät nach der Bescherung gegessen! Wer hat eigentlich die gefüllten Schokoladen-Kugeln neben dem Spiegel gegessen?"

„Du brauchst jetzt nicht abzulenken! Wenn du in zehn Minuten mit dem Baum nicht fertig wirst, dann schmeiß ich hier alles hin und dann kriegt dein Föttchen aber mal richtig Kirmes! Dann kannst du mal sehen, wie ihr ohne mich Weihnachten feiert!"

„Hömma! Ich kann den Weihnachtsbaum doch jetzt nicht einfach so vom Zaun brechen! Wie soll dat bitte schön gehen? So eine Baumschmückung braucht Zeit! Vielleicht können die Schwiegereltern schon mal anfangen ,Heilige Nacht' zu singen. Das entspannt mich vielleicht!" Aber natürlich möchte ich an Weihnachten keinen Streit übers Knie brechen und lenke ein: „Schließlich sägt man sich doch nicht den emotionalen Ast ab, auf dem man sitzt", so sach ich ja immer! Aber der lange Arm des Gesetzes greift natürlich auch aus der Küche zu mir in den Schaukelstuhl und ich werfe, wie der Deubel der hinter der armen Seele her ist, Lametta, Engelsgesichter, Kugeln und Sternchen wahllos an den Baum, stecke hastig drei Wachskerzen an, bringe die vier trompetenden Engel in Reihe und Glied: Sigmar, Gabriel, Helga und Gudrun, dann rufe ich: „Fertig!"

Meine Frau kommt rein gestürmt und betrachtet den Baum mit Argusaugen, schüttelt den Kopf und sacht:

„Also irgendwat stimmt mit dem Baum

nicht, er sieht irgendwie so aus wie die letzten drei Jahre!" Ich sach: „Dat liegt in den Augen des Betrachters, aber unter diesen Bedingungen lässt sich bekanntlich schlecht arbeiten, so ein Baum braucht Zeit und Reife. Ich kann doch eine Nordmanntanne nicht einfach so vom Zaun brechen!"

„Jetzt geh du erst mal raus", sacht meine Frau. „Ich fang jetzt mal an, die Geschenke zu verpacken."

„Geschenke? Ich dachte, wir schenken uns nichts!" Und das, liebe Querdenker, ist auch so ein signifikanter Satz, der in Familien jedes Jahr fällt: „Ich dachte, wir schenken uns nichts!" Jedes Jahr vereinbaren wir, dass wir uns nichts schenken, denn es ist immer so schwer, ein passendes Geschenk für jemanden zu finden, und der ganze Stress erst, wenn man es besorgen muss. Die ganzen Menschenmassen in den Geschäften, überall blinkende Lichter, Werbesprüche und dieser Zeitdruck beim Einkaufen! Also wir schenken uns dann nichts! Und dann kommt die Bescherung und alle haben sich trotzdem etwas besorgt. „Ich dachte, wir schenken uns nichts!", sage ich dann immer. „Ist doch nur ne Kleinigkeit!", heißt es dann. „Eine Kleinigkeit, ach so!" „Da habe

ich wohl irgendwas an ‚Wir schenken
uns nichts.' falsch verstanden!"
Ich flüchte jedenfalls aus dem
Wohnzimmer Richtung Küche, da sitzt
der Schwiegervater und bindet kleine
Peddig-Sterne mit roten Nähfäden
zusammen, vielleicht kennen Sie ja
diese Weihnachtssternchen aus thera-
peutischem Korbmaterial?
Er sieht mich und ruft: „Augen zu!
Dat is ne Überraschung!" Ich lauf
also weiter Richtung Küche, wo die
Schwiegermutter mit dem Braten
kämpft.
„Gut!", sach ich, „dann geh ich auf
das Gästeklo, dann bin ich
unpässlich!" „Nur wenn Rom wieder in
Flammen stehen sollte und Alexander
über die Alpen kommt!", ruft die
Schwiegermutter! „Im Klo liegen
meine Geschenke für euch, die müssen
noch verpackt werden, da kann jetzt
keiner drauf!" „Ich dachte, wir
schenken uns nichts!", flüstere ich
noch.
Wo steht der Rotkohl? Hast du noch
Geschenkband? Wo ist das Kind?
Achtung, der Braten brennt an! Gibt
es noch Kleber? Das Kind ist wieder
da! Wo steht der Rotwein! Ist der
Quark schon eingerührt? Nicht
gucken! Nimm mal das Kind! Du kannst
jetzt mal die Milch aus dem Keller!
Die Brötchen noch! Da muss noch!

Gehst du mal eben! Reich mir mal! Hast du noch?

Das bitte da vorne! Öl steht oben! Danke, brauche ich nicht! Auf der Tischdecke klebt Wachs! Das Kind weint! Das Kind ist wieder weg! Fröhliche Auferstehung!

Und dann kommt die Bescherung:

„Willst du nicht anfangen die Geschenke auszupacken?" „Nein, ich habe ja letztes Jahr angefangen!" „Dann mach du doch!" „Nein, Du!" „Dann das Kind zuerst!" „Das isst noch Schokolade!" „Gut," sach ich, der dieses Jahr keine Geschenke besorgt hat, weil wir uns ja nichts schenken wollten: „Dann fang ich mal an!"

Und dann werden die Sachen wieder ausgepackt, die vorher eingepackt wurden. Aber natürlich packen wir nicht nur Geschenke ein und aus, nein, dann spiele ich „Heilige Nacht" auf dem Keyboard und es wird gesungen. Drei Akkorde und mein dreistimmiger Gesang: Falsch, laut und mit Begeisterung. Wenn unsere Bäuche dann voll sind, ich meinen Rioja wieder habe, dann kehrt Ruhe ein, der Stress geht und der Sinn des Weihnachtfestes kommt heraus: Frieden, Miteinander, Besinnlichkeit und Menschlichkeit!

Die Leute sagen aber auch dieses

Jahr wieder: „Dieser Baum! Dieser Baum ist wirklich außergewöhnlich! Einfach einmalig! Einmalig!"

Einmalig dieser Baum!
Foto:Pixabay.com

Ärgern Sie sich auf jeden Fall maßlos über Ihre Geschenke!

Ein wesentliches Streitthema an Weihnachten können die Geschenke sein und wenn sie keinen Streit auslösen, dann für stille Kränkungen oder Grübel-Prozesse sorgen. Weihnachten ist immerhin das Fest der Liebe und nichts anderes bringen die Geschenke zum Ausdruck: Je mehr ich geliebt werde, desto mehr Geschenke bekomme ich oder desto wertvoller müssen sie sein. Achten Sie doch einfach wieder haargenau darauf, wer Ihnen was schenkt, googeln Sie den Preis nach und passen Sie Ihren Selbstwert an die Karatzahl Ihres Diamantarmbands an! Kritisieren Sie auch dieses Jahr wieder unpassende Geschenke schon während der Bescherung, das hebt die Stimmung und fördert Gruppen-dynamiken, wie Streitgespräche, vorwurfsvolles Schmollen oder liebevolle Ehrlichkeit. Liebevolle Ehrlichkeit, so nenne ich das ja immer, wenn der Niederrheiner in seiner typischen Art mit der Tür ins Haus fällt. „Ach danke, Schatz!

Schöne Schuhe, passen nur nicht zum Kleid!" Liebevolle Ehrlichkeit, immer direkt, aber wertschätzend dabei. Meistens!

Manche Dickköpfe sollten sich zu Weihnachten zum Selbstschutz nichts schenken, weil sie entweder keine Empathie besitzen oder die Kreativität zum Schenken fehlt. Der Psychologe würde dann sagen: „Also dieser narzisstische Typ hat ja wieder mal seine passiv-aggressive Art in Form seines Weihnachtsgeschenks vollends ausgelebt. Kurz gesagt: Dieses Geschenk grenzt an Mobbing. Aber so wat von!"

„Dieses Jahr schenken wir uns aber nichts!", hört man dann zur Vorsicht schon im Sommer! Den meisten Leuten fällt dann eine Last von der Seele, nur um im Dezember doch wieder loszurennen und ein Geschenk zu kaufen. „Ist ja nur eine Kleinigkeit!", heißt es dann. Also wenn der Satz mit dem nichts schenken in Ihrem Umfeld fällt, dann fragen Sie schon am besten im nächsten Atemzug direkt nach: „Also nehmen wir mal an, nur so, also rein hypochondrisch, bürokratisch, somatisch oder wie man dat jetzt nennt, also wenn wir uns rein pragmatisch etwas schenken würden, was könnte ich dir dann am besten, nur so rein phlegmatisch und hippokratisch, schenken?" Sicher ist sicher! Es kann ja wirklich sein, dass man sich in Ausnahmefällen dann doch was schenkt, nur rein formal hypokritisch. Es gibt zu Weihnachten aber tatsächlich Geschenk-Klassiker, die die Jahrzehnte überdauert haben. Gutscheine zum Beispiel! Wenn man nicht genau weiß, was man schenken soll, dann klappt immer noch ein Gutschein! Wirklich erlebt: Ein trockener Alkoholiker hat zu Weihnachten von seiner Versicherung einen Gutschein für eine Kölner Brauerei-Besichtigung geschenkt bekommen. Da frage ich mich: War das eine unbewusste Handlung oder schon Mobbing? Also eine Versicherung weiß mit Sicherheit, warum ihr Mitarbeiter vier Monate krankgeschrieben war! Für Kinder auch immer gut geeignet: Schulsachen zu schenken! Ein Mathebuch zu Weihnachten, Gott, was wünscht sich ein Jugendlicher mehr? Gut, die kleinen Nerds von morgen mögen das bestimmt oder die narzisstisch geprägten Besserwisser mit Langzeitstudium und konsekutivem Master! Viele Leute sind ja schon als Kind total intelligent, nicht wahr? Das hat man ja schon mal, dass Kinder ganz besonders intelligent sind. Nee, das hat man schon mal! Die Jungs stehen dann im Pausenhof: „Hömma! Ich hab die Carrera-Bahn ‚Speed' gekriegt, und Du?" „Ich habe den Duden bekommen, und zwar so, wie ich ihn mir gewünscht habe: Die schwarze Sonderedition! Eine limitierte Auflage von 10.000 Exemplaren!" Da bebt der Pausenhof vor Begeisterung! Männer entwickeln auch gerne die Strategie, zu Weihnachten unterschiedlichen Menschen immer dasselbe zu schenken, wodurch die Omma auch schon mal dasselbe Buch vom Vorjahr bekommen hat! Socken sind auch immer toll! Gerade Männern kann man ja problemlos Socken schenken, nicht wahr! Wenn bei Männern gar nichts mehr geht, dann geht es in Socken! Er bekommt Geburtstags-Socken, zu Ostern bringt der Osterhase Socken, zum Nikolaus gibt es Socken im Strumpf, im Weihnachts-Kalender in Tor elf Socken und in Tor dreiundzwanzig sogar der Fünfer-Pack im Feinripp! Socken, Socken und Socken! Die Gudrun op den Vlies, hier mit der Wäscherei in Rumeln, wissen Sie, wo der Mann doch die schwere Gürtelrose hatte! Ja wirklich, der Olaf hatte ein halbes Jahr Malesse mit der Gürtelrose und keiner wusste, wo die eigentlich genau herkam. Den Olaf kennen Sie jetzt nicht, ist aber egal, ich wollte es nur mal erzählen! Also jeder konnte sehen, wo die Gürtelrose am Olaf war, aber kein Mensch wusste, wo sie herkam! So wat kommt ja nicht einfach und geht wieder irgendwo hin, nicht wahr! Der Olaf war ja bei acht Ärzten, sacht man sich ja, aber keiner wusste Rat! Das soll es ja geben, dass einem der Hausarzt zum Hautarzt schickt, der Hautarzt zum Neurologen, der Neurologe zum Orthopäden, der Orthopäde zum Psychiater, wo man im Wartezimmer den Hausarzt trifft. Ja, wegen Burn-out! Aber ich möchte Sie ja nicht mit mir belasten, jedenfalls schenkt die Gudrun ihrem Jung ja schon seit Jahren Socken, also wirklich zu jeder Gelegenheit, und wenn sie nur nebenbei in das Geschenk reingeschoben sind. Der Jung bekam mit vierzehn zu Weihnachten ein Mikroskop geschenkt, da hat er sich tierisch drüber gefreut, nicht wahr, endlich keine Socken mehr! Da macht der Jung die Verpackung auf, nimmt das Teil raus und wat liegt unter dem Mikroskop? Grüne Feinripp-Strick-Socken von Joop! Pustekuchen!

Aber das muss man der Gudrun ja lassen, wirklich, sie hat immer nur vom Feinsten geschenkt, vom

44

Feinsten! Der Jung bekam immer Feinripp von Joop, Tommy Hilfiger, MCNEAL und Hugo Boss, aber so wat wie H&M kam der Gudrun gar nicht erst in die Tüte, nee, also so wat Schludriges kam gar nicht erst in die Tüte! Gar nicht erst! Der Jung läuft nur in feinstem Ripp herum, er ist ja nun in leitender Position, also nur vom Feinsten. Dieser Jung bewegt sich nur auf höherem Niveau, da braucht es Feinripp auf dem Weg zur großen Karriere! Der Jung muss wirklich überall Socken in der Bude herumliegen haben, nicht wahr, wo die Gudrun all die Jahre die Dinger verschenkt hat. Socken auf dem Sofa, in der Küche in den Schubladen, neben der Suppenkelle, in der Mikrowelle, im Hobbyraum auf der Werkbank, im Apotheker-Schränkchen und in der Minibar, da müssen überall Socken und Feinripp vom Feinsten in der Gegend liegen. Dat geht ja gar nicht anders! Wo soll der Jung denn mit den ganzen Socken zu Hause hin? Er kann in einem einzigen Leben gar nicht so viel Karriere machen, dass er bei der Anzahl von Socken alle tragen könnte! So viel Überstunden könnte er gar nicht machen! Die Gudrun hat mit ihrer Wäscherei wahrscheinlich auch von Berufs wegen so eine Art

Socken-Trauma! Jeden Tag ist sie mit Socken zugange! Früher schon hat die Gudrun immer geschimpft:

„Also wat der Jung an Socken verschleißt, dat geht auf keine Kuhhaut mehr! Beim Sport, beim Radfahren, wenn der vom Spielplatz kommt, da sind die Socken vom Sand durchgescheuert! Ich bin für den Jung nur am Socken kaufen! Fürchterlich! Fürchterlich!"

Das muss die Gudrun wohl geprägt haben, weil sie ihm jetzt immer noch Socken schenkt! Also sie kann ja nicht wirklich glauben, dass der Jung mit dreiundfünfzig Jahren noch aus seinen Socken raus wächst! Ich sage nur: „Socken-Trauma!" Der Jung muss der Gudrun wohl einmal was dazu gesagt haben! Also einmal nur, was ihn aber auch viel Überwindung gekostet hat! Wirklich sehr viel Überwindung! Die Gudrun ist auch, wie soll ich et sagen, sehr stringent! Hohe Erwartungshaltung! Sie muss ihm dann auch tatsächlich ein Jahr mal eine Business-Krawatte geschenkt haben, aber wieder nur Markenkrawatte, der Jung ist ja watt! So sacht man sich hier. Ich meine, Krawatten sind natürlich Geschmackssache, also ich tue mich da schwer, jemandem einfach so eine Krawatte zu schenken. Gudrun hat mir

46

aber versichert, dass der Jung wohl auch ihren Geschmack hat, das muss scheinbar vererbt sein, dass mit dem Geschmack. Die Gudrun sei sich da ganz sicher, dass die Krawatte dem Jung auch gefällt. Ganz sicher! Er hätte zumindest auch nie etwas Gegenteiliges behauptet! Nie! Nee, da ist sie sich schon sicher. Gudrun hat dann trotzdem später wieder Ripp-Socken verschenkt, sie dachte wohl, der Jung wolle nur keine selbst gemachten Socken mehr! Er hätte aber auch zu der Socken-Geschichte nie wieder was gesagt, was er ja ohne Weiteres gekonnt hätte, schließlich würde sie ihm ja nichts aufzwingen! Auf jeden Fall hätte er was dazu gesagt, wenn ihm was nicht gepasst hätte, der Jung ist ja immerhin in Führungsposition, meinte Gudrun noch abschließend. Aber mal ehrlich, wenn wir uns doch über die Konsumgesellschaft aufregen, warum schenken wir uns dann immer wieder die dollsten Geschenke? Dann doch besser nichts schenken und ein Weihnachten des Beisammenseins feiern. Ich glaube auch, dass nicht jedes Geschenk wirklich sein muss. Beim Wichteln zum Beispiel denken wir Stunden darüber nach, was wir dem Auserwählten schenken können. Die

Frau schenkt Mann dann ein Parfüm, aber braucht der Mann ein Parfüm zum Geschenk, der selbst im Flieger in der ersten Klasse nach dem Krabbenpulen das Feucht-Tuch bewusst ignoriert? Als würde Mann vor dem Holzkohlegrill stehen und sich mit Jean Paul Gautier „le male" einsprühen! „Ich könnte ja mal gut riechen beim Smoken!" Also dann doch besser ohne Geschenk!

Männern schenkt man Socken!
Foto: Pixabay.com

Der Niederrheiner diskutiert bekanntlich gerne und viel und vor allem, wenn er kluge Ratschläge geben kann, so auch bei Geschenken! Ich war vor sechs Jahren auf einer Feier in Orsoy eingeladen, wo fleißig gewichtelt wurde, und ich erinnere mich noch genau, wie ein rätselhafter Dekanter beinahe eine

Familienkrise auslöste:

Es passierte, als der Heinz zu seinem geschenkten Weingefäß greifen wollte:

„Kannst du mir mal den Bottich anreichen?" „Um Gottes willen!", schrie da der Ernst. Der Ernst war der Nachbar vom Heinz und reagierte wohl öfter mal sehr impulsiv, so hatte man mir das auf der Feier vorher schon gesagt. „Also der Ernst, dat ist ein Impulsiven!", sachte man sich!

„Dat heißt doch nicht Bottich, dat Ding!"

„Ja, wie heißt dat denn sonst, dat Ding?" „Na anders!"

„Wie jetzt, anders?"

„Ja, irgendwat mit Karaffe!"

„Dat is doch Quatsch!"

„Doch", sagte der Ernst, „ich weiß dat ganz genau, als ich nämlich in Italien war, hinten am Comer See, da war dat immer so, da gab es zu jeder Pizza so nen Ding mit dabei. Für den Wein natürlich, also für Rot-, Weißwein und auch für Rosé. Nee wirklich, Ernst, dat kannst du mir glauben."

„Ich mein das aber auch, dass die Weinkaraffe heißt!", nickte die Helga. „Dat is doch Quatsch!", sagte der Heinz. „Das is doch ganz klar nen Bottich, dat sieht man doch ganz genau: unten bauchig und oben schmal am Kopf. Eindeutig. Dat is nen Bottich!" „Also nee", säuselte der Manni, „dat muss irgendwas Französisches heißen." Der Manni ist übrigens der Schwager von der Helga und hat häufiger schlaue Vorschläge. Das hat man ja manchmal, dass jemand schlaue Vorschläge gibt!

„Ich glaube, Dekanter heißt dat Ding! Ich müsste mich da schon ganz schön vertun, wenn dat Ding nicht so heißen würde!", so der Manni.

„Wat is dat denn?", fragte die Helga ungläubig.

„Beim Wein wird irgendwat wegen dem Chinin abgekantet. Deshalb Dekanter." „Also jetzt versteh ich gar nix mehr!", ruft die Helga. Und obwohl der Heinz mit dem Bottich ganz klar falsch lag und ihm das auch alle am Tisch ganz klar sagten, war der Heinz sich total sicher: „Is doch Quatsch, Bottich is Bottich und nur weil ihr da was anderes zu sagt, kann dat Ding doch trotzdem Bottich heißen. Da gibt es auch gar nix dran zu rütteln!"

„Nein, Heinz. Glaub uns doch einfach mal. Du kannst auch nicht immer recht haben und anderen auch einfach mal was glauben!" „Dat is irgendwas mit Karaffe oder vielleicht auch Dekanter, aber ein Bottich steht doch in der Sauna, deshalb ist Bottich definitiv Quatsch!", sagte der Wolle auf einmal so von der Seite und die Helga meinte noch, eventuell sei dat Ding eine Vase, nur mit langem Hals, zum Beispiel um eine einzelne Amaryllis hineinzustellen, aber das verwarfen die Männer sofort! Sofort!

Wat dat Ding jetzt genau war, das wusste irgendwie jetzt auf einmal überhaupt keiner mehr, aber Bottich war falsch, da waren sich dann doch alle einig, bis auf Ernst.

„Ernst, glaub uns dat doch, der Manfred muss dat doch wissen, er war doch so lange in Frankreich."

„A watt Frankreich. Wie lange denn?"

„Fünf Jahre."

„Ja und? Er hat dann eben fünf Jahre lang dat Falsche zum Bottich ge-sagt!" Himmel lass Flinten regnen, dachten alle! Den Ernst flehten alle an, doch bitte jetzt zu glauben, dass Bottich nen Dekanter oder zumindest eine Karaffe ist und der Bottich eben kein Bottich ist. Der Ernst wurde durch den Druck auch ein wenig ruhiger, aber auch nur kurz, denn wohl war ihm nicht dabei, wenn der Bottich kein Bottich wäre. Dem Ernst kam dat alles jetzt auch komisch vor, aber innerlich war da immer noch ein Widerstand:

„So richtig kann ich dat immer noch nicht glauben!"

„Der Manni hat sich da doch beim Boules den Schneidezahn ausgeschlagen, damals in Nantes war das!", sachte die Helga. „A watt, Nantes! Dat is dem Bottich doch egal!", rief der Ernst.

„Hömma, Ernst, weißt Du eigentlich, wie unangenehm das ist, wenn du dir einen Schneidezahn ausschlägst!", schrie der Manni. „Der Bottich kann doch nix dafür, dat Du kein Talent hast und dein Schneidezahn flöten gegangen ist!" „Also Ernst, jetzt bitte ich dich aber! Ich hatte da ein Frontzahntrauma! Dat weißt du gar nicht, wat dat ist und wat Boule ist, da weißt du Ostpreuße schon gar nix von!" „Boule ist irgendwat mit Eisenkugeln, aber ich muss dat doch nicht genau wissen, ich bin doch ein freier Mensch! Wenn du Spaß dran hast Boule zu spielen, ja dann mach dat doch, hindert dich kein Schwein dran, so ne Jedöns zu spielen. Frontzahntrauma kenne ich nicht, aber ist auch gut so, wat ich nicht kenne, dat kann ich auch nicht kriegen." Ja, und dann waren erst mal alle ruhig und mussten sich sammeln. Kennen Sie das, diese kurze Stille am Tisch, wenn sich die Leute mit hochrotem Kopf sammeln. Neue

Ideen wie Kump oder Bütt wurden kopfschüttelnd verworfen! Manfred sagte nämlich, er hätte neulich eine wurmstichige Bütt in der Scheune gefunden, die dem Ding doch sehr ähnlich sei. Der Heinz und der Manfred tranken dann den Rheinhessen aus dem geschenkten Ding vom Ernst, auch ohne zu wissen, ob das Ding nun Dekanter, Karaffe oder sogar Bottich hieß. Der Abend verlief dann auch eigentlich ganz harmonisch, eigentlich, bis der Heinz nämlich auf einmal sagte: „Ich weiß jetzt wieder, wie dat Ding heißt: Pulle mit Trichter!"

Et Weihnachtet!

Papa ist gereizt
Mama ist gereizt
Oppa ist gereizt
Omma ist gereizt
Kind ist aufgeregt

Omma steht in der Diele
Mama braucht Hilfe
Papa meint
Das muss nicht sein

Mama wischt durch
Omma saugt durch
Papa schmückt den Baum
Kind macht Dreck
Oppa denkt
Putzen hat keinen Zweck

Braten in die Röhre
Rotkohl in den Topf
Klößchen werden aufgesetzt
Kind knabbert an der Möhre

Es ist geschafft
Mit letzter Kraft
Mama ist gereizt
Papa ist gereizt
Weihnachten muss kommen
Die Geschenke schnell verpackt
Mit Schleifchen und Kärtchen dran
Werden sie unterm Baum
Übereinander gepackt

Alles ist bereit
Ein Anflug von Freude
Aber für Kirche
Bleibt wieder keine Zeit

Papa duscht
Mama duscht
Kind badet
Omma macht sich schick
Bernstein-Brosche

Die Kugeln funkeln
Die Kerze ist abgebrannt
Die Krippe steht
Alles steht
Nur Oppa sitzt im Schaukelstuhl

Kaffee wird gerührt
Bratensoße wird gerührt
Mama ist gerührt
Alles ist gerührt
Et kann kommen

Der Onkel kommt
Er redet zu viel
Die Tante kommt
Sie trinkt zu viel
Die Cousine kommt
Sie isst zu viel

Kaffee dampft
Plätzchen sind rot
Die Schokolade braun
Und das Licht leuchtet am Baum

Oppa schimpft mit Onkel
Er rede zu viel
Cousine schimpft mit Tante
Sie trinke zu viel
Nur Mama ist ganz still

Hin und her
Geschiebe
Es lebe das Fest der
Liebe

Die Geschenke werden ausgepackt
Omma ist unzufrieden
Tante ist unzufrieden
Mama ist unzufrieden
Kind freut sich sichtlich
Oppa im Schaukelstuhl
Ein wenig ein geknackt

Papa ist Gänsebrust
Mama die Keule
Omma den Kohl
Und Oppa die Klöße

Onkel hat den Magen voll
Cousine hat den Magen voll
Kind hat den Magen voll
Nur die Tante hat Arsch voll
Toll

Alle sind satt
Schneeflöckchen fallen in den Abend
Laternen leuchten
Die Straße schimmert matt

Oppa geht heim
Omma geht heim
Onkel geht Heim
Tante torkelt allein

Mutter ist wieder allein
Vater ist wieder allein
Kind ist wieder allein
Frieden kehrt endlich ein

Bald ist Silvester
Und das ist klar
Wollen die Menschen wieder
Beisammensein
Und feiern bei der Tante
Besinnlich oder nicht
In das nächste Jahr
Hinein
Frohe Weihnachten
Am Niederrhein!

Et Weihnachtet! Es Lebe das Fest der
Liebe!

Foto: Pixabay.com

Erledigen Sie an Weihnachten möglichst viel und noch auf den letzten Drücker!

Viele Menschen kommen tatsächlich erst in die Gänge, wenn sie unter Druck geraten. Sie kennen das vielleicht früher vom Lernen. An Weihnachten ist es oft ähnlich, da geht man mal eben schnell noch ein Geschenk kaufen oder mal eben die Pute für abends besorgen! Ich mach mal eben schnell und das an Weihnachten, so sparen Sie Zeit und die Läden sind ganz bestimmt so gut wie leer gefegt! Das weiß man ja schließlich, dass Heiligabend nirgendwo was los ist, denn heute ist ja schließlich ein Feiertag! Da bekommt der Satz „Wozu ein Auto? Ich genieße mein Leben in vollen Zügen!" eine ganz neue Intention! Und falls Sie Gäste bekommen sollten: Putzen Sie die Bude morgens noch mal lupenrein, sodass hre Gäste bei Tellermangel notfalls vom Boden essen können! Das Parkett muss leuchten und die Fenster glänzen, nichts anderes erwarten Ihre Gäste an solch einem Festtag! Und falls Stress aufkommt, einfach herunterschlucken, denn die Zeit nach Weihnachten dient zum Relaxen und genießen! Weihnachten selber kann ruhig an Ihnen vorbeigehen, das kommt ja jedes Jahr wieder! Vielleicht nicht Ihre Gäste, aber der Stress! Versprochen! Regen Sie sich auch nach dem Putzen bloß über jeden Fussel auf oder sammeln Sie mit der Hand jede herabgefallene Tannennadel auf, um sie schimpfend zum Müll zu überführen! Ich erinnere mich noch an die Liesl Weinstädt, ganz eine liebe, also wirklich, aber einfach zu gewissenhaft, und wat is: plötzlich Burn-out! Da war nix mehr mit putzen und kochen, von jetzt auf gleich Burn-out! Die Liesl hat doch letzten Nikolaus tatsächlich zu ihrem Mann gesagt: „Wenn die Kampmanns heute kommen, muss ich da wirklich eine Hose anziehen?" Sacht man sich ja, dat die Liesl das gesagt haben soll. Schrecklich. Es gibt wirklich Leute, die sagen: „Wenn ich mir bei Besuch eine Hose anziehen muss, dann ist dat kein Besuch, sondern ein Termin!" Aber bei der Liesl war das eindeutig der Stress! Völlig von der Rolle, obwohl sie immer die Vorzeige-Ehefrau war! Schlimm so wat! Schade! Rücken Sie deshalb viertelstündlich bitte jede Tischdecke wieder gerade, das ist ganz wichtig: Hinterlassen Sie immer einen symmetrischen Eindruck! Symmetrie ist das A und O einer gelungenen Feier! Ich weiß noch vor vier Jahren beim Nikolaus-Kaffee bei den Schwelgers in Rees, da waren wir mal zu Besuch und die hatten eine ganz tolle Kommode bei sich in der Diele, also ganz toll. Das kennen Sie ja vielleicht auch, wenn man irgendwo anders zu Besuch ist und man sich fragt, warum haben wir nicht diese Kommode? Meine Frau fragt mich das ständig, wenn wir irgendwo sind! „Und der Garten erst! Toll! Dieser Pflanzenschnitt, och und dieser kleine Springbrunnen! Wieso haben wir das nicht so?", sagte meine Frau zum zweiten Mal! Ich sage dann immer: „Hauptsache wir haben uns! Dat ist die Hauptsache!" Jedenfalls saßen wir nun im Wohnzimmer am kleinen Buchentisch, der Kaffee war schon durchgelaufen und die Leute haben heutzutage ja überall in den Ecken so kleine Sekretäre oder Beistelltischchen stehen, die werden einem ja quasi nachgeworfen, diese Tischchen! Egal wo man guckt, in der Ecke, um jede Ecke, als Raumtrenner, als Mal-Tisch, als Lampen-Tischchen, als Zeitschriften-Ablage oder Mini-Bar für zwischendurch, in Rundform und mit zwei Beinen oder dreifach in-einandergeschoben. Egal wo, überall diese Zustell-Tischchen, die irgendein Möbeldesigner in den 70er-Jahren erfunden hat. Ich sage ja immer: „Die Dinger nehmen doch nur Stauraum weg!", meine Frau meint aber: „A wat, du kannst doch nicht alles mit Stauraum zupflastern, et muss doch auch mal was schön aussehen. Es muss nicht immer alles nur funktional sein, Sachen können auch einfach mal nur schön sein. Ich weiß, dat ist schwer für dich zu begreifen, gerade für dich!" Auf diesen Dingern, die einfach nur schön sind, liegen von Omma Trude jedenfalls immer diese kleinen Läufer oder wie sagt man jetzt, Lappen, diese kleinen Häkeldeckchen, Servietten-Teile, französisch Car-pette oder einfach gesagt diese niederrheinische Vorleger da drauf! Die Dinger kennen Sie doch, nicht wahr? Diese feinen Häkeldeckchen, da kommt man am Niederrhein nicht dran vorbei! Ganz fein sind die! Die Dinger liegen bei jeder Wohnungs-entrümpelung zu Tonnen in Schubladen und Schränkchen! Dann heißt et immer: „Kannst Du die Deckchen gebrauchen? Wir ja nicht! Wir haben davon einfach zu viele, aber Omma hat die Teile alle selber gehäkelt, die sind tipptopp! So wat kannst du nirgends kaufen!" Mal ehrlich, wie soll man da jetzt noch Nein sagen können? Und diese Häkel-Dinger lagen auch überall bei den Schwelgers auf diesen Tischchen drauf, aber alle schräg und vollkommen ohne jeglichen symmetrischen Ansatz! Einfach schräg, völlig sinnlos und ohne Zweck! Staubfänger! Ich griff also nach rechts zum Tischchen und nach vorne über an den Buchentisch, wo ich also noch herankam, und suchte mit den Fingern die Ränder nach diesen kleinen Schildchen ab, wo alles draufsteht, um diese nach unten unter die Bauchseite zu klappen. Ich mache das immer so und erst dann richte ich im Regelfall die Flusen vorne und hinten wieder senkrecht in Neunzig-Grad-Stellung zum Deckchen, da wo sie hingehören! Wir haben das schon früh bei Omma gelernt, als Kind ist man damals noch viel gerannt, damals, und hat dabei am Teppich immer die Fransen verdreht. Omma schrie dann immer aus der Küche: „Fransen gerade!" oder „Fransen runter!", wenn die hochstanden, so als konnte sie mit Röntgenblick durch die Küchenwand durch ins Wohnzimmer gucken. Fast unheimlich! Aber an Schwelgers komischen Teilen waren gar keine

Schildchen dran. Ich habe die Deckchen dann zumindest von ihrer Schieflage befreit und gerade gerückt! Symmetrisch. Meine Frau bekam das während der Unterhaltung im Augenwinkel mit und guckte schon ein wenig ernst, aber dann kam Ekaterina ins Zimmer, die Tochter der Schwelgers. Ekaterina, der Name allein ist schon hochschwanger, so sagt man ja, wenn etwas erhaben ist oder besonders. Ekaterina, also wirklich hochschwanger dieser Name, zwölfter Monat! Dieses Kind ist gerade 6 Jahre alt, kommt ohne was zu sagen an das Buchentischchen ran und schiebt doch tatsächlich nach und nach alle Häkel-Dinger wieder in die Schräge zurück! Also so wat! Also so wat!

„Dieses Kind!", denke ich! Ich hatte Tendenzen, ihr eins auf den Hinterkopf zu geben, aber heutzutage spricht man ja. Früher war das ja anders, heute spielt selbst der alleinerziehende Dachdecker aus Bedburg-Hau den erfahrenen Sozial-Pädagogen! Da stehst du vor dem Kind und sagst so Sätze wie: „Das macht man nicht!" Ein schrecklicher Satz! Was heißt eigentlich genau „man"? Der Nachbar? Die Leute vom Sparklub in der „Runden Ecke"? Und das Kind fragt sich das zu Recht: „Wieso muss ich alles genauso wie der Sparklub machen? Wieso sind Leute eigentlich im Sparklub?" „Mach das bitte so, wie ich dir … Ich möchte aber nicht, dass du … Ich habe dir schon zweimal gesagt … So nicht und lass bitte … Samma, hast du wat an den Ohren oder hörst du mir eigentlich nie zu, wenn ich … Höre bitte! Hörst du nicht? Haben wir uns da jetzt verstanden? Du gehst hoch ins Bett! Einmal noch, dann … Wir fahren sonst und dein Brüderchen darf hierbleiben!" Das ist die berühmte niederrheinische Sonderpädagogik: besonders laut, aber wirkungslos!

Die Kinder sagen ja nix auf solche Sätze, jedenfalls habe ich das noch nie erlebt, dass ein Kind aufschaut und sagt: „Ja, alles klar, war mein Fehler, kommt nie wieder vor!" Dat Kind sagt einfach nix. Et sagt nix, wenn man wat sagt!

Es schweigt. Es sitzt den Stress aus. Das ist die Merkel-Taktik: Schweigen und aussitzen. Sie müssen mal bei Kinder drauf achten. Jedenfalls steht jetzt die Ekaterina an dem schiefen Häkeldeckchen und guckt mich provozierend an, so als wüsste sie, datt ich die Deckchen gerade gerückt habe. Ich sag zu ihr: „Lasset!" Ich sage generell zu Kindern immer nur: „Lasset!" Das ist

Nieder-Römisch, eine Mischung aus Platt und Latein, also Deutsch „Lassen" = relinquo, „es" = quod, „Lass es bitte sein" = Fiat ei placere, also Nieder-Römisch = Lasset! Genauso wie Siehsse! Niederrheinisches Wort für: „Ätsch, da habe ich mal wieder recht gehabt und du nicht! Schade aber auch!" oder „Jetzt haben wir eine halbe Stunde diskutiert, nur um mal wieder festzustellen, dass ich recht habe und du im Unrecht bist! Wie immer!" Siehsse ist Sehen = videre, Du = vos, also Non vides, in Nieder-Römisch = Siehsse!
Wie neulich die Kaminskis:
„Warum bist du denn nicht rechts gefahren, wie ich dat vorhin schon gesacht habe. Vorhin, damit meine ich, wo wir noch in Neukirchen-Vluyn waren, aber du hörst ja einfach nicht! Et geht immer nur nach deiner Pfeife, als wenn du die Weisheit gefressen hast! Kumma, dabei zeigt dat Navi doch einen ganzen anderen Weg an, aber Du immer mit deinen tollen Abkürzungen, du glaubst gar nicht, wie sehr mir dat auf den Senkel geht! Du glaubst gar nicht, wie ich dir dafür manchmal einen auf den Latz geben möchte! Jedes Mal kommen wir zu spät, aber wirklich jedes Mal, nur weil der Herr von und

zu wieder eine seiner Abkürzungen fährt, die zwanzig Minuten länger dauern als der normale Weg. Die Ter Steegens sind bestimmt schon beim Nachtisch! Peinlich, sag ich dir, einfach peinlich. Du erklärst denen dat! Ich nicht! Ich will damit nix zu tun haben, dat mach mal schön selber!" „Nu warte doch mal ab, wir fahren da vorne rechts und dann sind wir am Schwafheimer Meer, da sparen wir fünfzehn Minuten. Du musst einfach nur mal Geduld zeigen, aber Geduld ist ja ein Fremdwort für dich!" Endlich angekommen, steigt die Beate Kaminski wutentbrannt aus, aber so wat von wütend, und marschiert schnurstracks ins Haus. Er steigt eher entnervt aus und auf dem Weg rein kommt ihm der Peter Buchwald entgegen, der sagt noch nicht mal ‚Hallo' und fragt direkt: „Wieso kommt ihr denn aus Richtung Schwafheim? Wenn ihr in Moers schon rechts abgebogen wärt, dann hättet ihr eine halbe Stunde gespart!" Noch bevor er adäquat hätte antworten können, erschallt eine laut hallende Stimme aus dem Kippfenster in der Küche, wie aus heiterem Himmel, von oben herab trifft sie ihn in Mark und Bein. Es ist nur ein Wort: „Siehsse!"
Ich sitze also da und sag zu

Ekaterina auf Nieder-Römisch: „Lasset!" Sie guckt mich nur an, aber sagt nix! Sie sagt nix! Dieses Kind sagt nix, es guckt nur so dösig in die Leere! Also so wat! Ich guck meine Frau an und sie sieht sofort, wie erregt ich bin, versucht mich aber durch Small Talk mit den Schwelgers zu ignorieren. Das macht sie öfters, meine Gefühle mit Small Talk wegignorieren. „Also dieses Kind, da muss man doch was sagen, so wat Freches kann man doch nicht ignorieren!", denke ich. „Hast du schon mal gesehen, dass Häuser schief gebaut sind oder Türme schief in der Gegend herumstehen? Oder Elektromasten! Alle gerade gebaut! Bilder hängt man auch symmetrisch auf und nicht schief! Ich könnte dir jetzt stundenlang Beispiele bringen und deshalb sag ich dir, gerade muss dat Häkeldeckchen! Gerade muss dat gelegt sein!", aber dat Kind sagt nix und geht einfach. Stellen Sie sich das mal bitte vor! Ich bin gerade dabei, die Dinger wieder alle geradezuschieben, da kommt Paul rein, der vierjährige Bruder von Ekaterina, der hochschwangeren, und schiebt die Teile, die ich eben wieder gerade positioniert hatte, ungefragt in die Schieflage zurück, und das vor meinen entsetzten Augen!

Also da geht bei mir ja gar nix mehr, also so wat! Dieses Kind! Ich versuche mich zu beherrschen, ich bin ja kein Typ, der sich sonst aufregt, und sage: „Hör mal, Paul, jetzt ist das aber auch kein richtiges Häkeldeckchen mehr, wenn das schief liegt!" „Bei uns liegt das aber immer schief, außerdem ist das kein Häkeldeckchen, sondern eine Vintage, eine gehäkelte Unterdecke von meiner Omma aus dem 2. Weltkrieg!" Da bin ich baff! So jung und schon so verkorkst! Ich sag: „Lasset, du Klugscheißer!" und zieh an dem Häkel-Teil und merk, wie der Junge gegenhält. Da sagt meine Frau zu mir: „Lasset, Steffen! Ich glaube, wir gehen besser, der Herr hat heute wieder keine Manieren, da fehlte er wohl, wo das bei seiner Erziehung dran war!" Wir sind dann gegangen, aber ich sage noch zu meiner Frau: „Schlimm, wenn Kinder so früh schon verzogen sind! Schlimm, also dieses Kind!" Ich habe dann versucht, die Schwelgers mit WhatsApp zu kontaktieren, ob die Unterdeckchen nun auch wirklich alle gerade liegen, habe aber bis heute keine Antwort bekommen. Also dieses Kind!

Also dieses Kind! So jung und schon
verzogen!

Tipp 4

Arbeiten Sie an den Feiertagen!

Wer kennt das nicht: Kurz vor Feierabend kommt noch eine wichtige Sache rein und zwingt uns zu Überstunden oder man ist generell schon beruflich stark eingespannt, verlässt das Haus morgens um sechs und kommt erst wieder nach neunzehn Uhr nach Hause. Dann sollte man auf jeden Fall auch dafür sorgen, an Weihnachten zu arbeiten! Die Familie hat sich ja bereits daran gewöhnt, dass sie unabkömmlich sind. Seien Sie auch an Heiligabend immer per Handy erreichbar oder schieben Sie den ein oder anderen unerledigten Termin gleich auf den 24. des Monats! Wenn Sie konfliktfähig sind, lässt sich an Feiertagen einiges abarbeiten, schließlich ist kaum ein anderer Mensch im Büro, Sie können die Ruhe genießen und sich ganz auf die Arbeit konzentrieren, nur zu Hause wartet dann der Konflikt in Form Ihrer Ehefrau, die schon entnervt ist, bevor der eigentliche Weihnachtstress mit kochen, putzen, Geschenken und Tischdecken losgeht! Aber Angestellte Ihrer Position werden für Konfliktsituationen teuer geschult, denn nichts ist wichtiger als Arbeit! Ohne Arbeit kein Geld, ohne Geld keine Familie, also ohne Arbeit kein Glück! Das ist die Logik des logisch Denkenden. Die Familie steht hinten an, auch an Weihnachten, man muss Prioritäten setzen und die Familie ist bereits auf das Verzichten konditioniert. Ich bin schließlich unersetzlich … auf der Arbeit. Wenn sich das mal nicht auf dem Sterbebett rächt und Sie versuchen sich zu erinnern, was Ihnen das Leben wirklich geschenkt hat, oder viel schlimmer, Sie sterben im Bürosessel, die Wahrscheinlichkeit ist ja gegeben, bei der Stundenanzahl, die Sie dort verbringen. Als „Chief Executive Business Quality Leadership Officer" sterben Sie einsam, aber im gehobenen Posten an Arterien-Verschluss in arbeitender Sitz-position! Ich kann mir keinen schöneren Tod vorstellen! Wirklich nicht! Mal schauen, wie unersetzlich Sie dann wirklich sind und wie schnell ein neuer Bürostuhl Ihren Platz einnimmt. Sie ersparen sich immerhin so lästige Dinge wie Weih-nachtsstress, aufgeregte Kinder oder nerviges Einkaufen. Business as usual oder wie man am Niederrhein so schön sagt: da hat er den Ochsen ins

Horn gekniffen, also sinnlos seine
Zeit verschwendet.

Weihnachten im Büro, das hebt die Stimmung zu
Hause! Die Wahrscheinlichkeit im Bürosessel zu
sterben ist hoch!

Foto:Pixabay.com

Klären Sie anwesende Kinder über den Weihnachtsmythos auf!

„Jetzt ist aber auch gut mit Kind sein!", schallt es von Omma Gertrud, ihres Zeichens niederrheinische Realistin und Querdenkerin. „Wat soll dat mit dem Christkind und dem ollen Gebimmel, dat Kind ist doch keine drei mehr, et is doch schlimm genug, dat ich jedes Jahr singen muss. Dat Kind hat nachher den Kopp nur in den Wolken hängen. Ein Träumer wird dat noch, passt mal auf! Also ich hab im Krieg noch immer dat beste Weihnachten gehabt, da war nix mit Gesinge und diese Geschenke-Dudelei, da saßen wir unten im Keller mit Kerzenlicht und hatten uns! Et gab Brot mit dick Butter, dat war es, mehr hatten wir damals nicht, aber lecker! Hier dat ganze Gedöns, dat geht mir so wat von auf den Senkel, also ich möchte ja nix sagen, aber irgendwann muss dat Kind auch mal erwachsen werden, der Jung ist ja seinen Kinderschuhen schon entwachsen!" Und da ist er wieder, der Typ Niederrheiner, der es sich zum Hobby gemacht hat, dich auf den Boden der Tatsachen zurückzuholen. Diese Leute rechnen ihr Leben lang ab und mit allen Leuten, die ihnen vor die Flinte geraten! Sie versuchen lugzuscheißen und dir zu vermitteln, wie etwas richtig geht, und egal wie du es auch machst, es ist so wat von falsch, aber so wat von! Und Fantasie und Rituale sind so wat von falsch, auch bei Weihnachten, denn als Erwachsener braucht man so wat wie Fantasie und Gefühle nicht! Dieser Typ hat auch gerne beruflich mit Abrechnungen zu tun, denn sie rechnen gewissenhaft Tag ein, Tag aus irgendwelche Tabellen und logische Sachen aus, Stunde um Stunde wird gerechnet und gedacht, bis sie sich zu Tode verrechnet haben, immerhin kann man das Sterben noch nicht im Voraus berechnen! Dieser Mensch ist mit Seele ein Realist, er denkt nur realistisch und braucht etwas Handfestes, um zu leben, wenn er denn lebt und nicht gerade abrechnet. Der Realist sieht dabei die Welt und das Weltgeschehen ganz unromantisch realistisch, nämlich so, wie er die Welt gerne sehen möchte! Es kann nicht sein, was nicht sein darf! Das Ei will dabei immer klüger sein als die Henne und er sitzt quasi auf der

Weisheit wie die Glucke auf den Eiern! Und ganz wichtig: Am Ende knallt die Peitsche! Sie servieren dir ihren Erfolg narzisstisch angehaucht auf dem silbernen Tablett und bilden Sätze, die mit „Siehsse" anfangen! Dieser Niederrheiner lässt dich dann in deiner Niederlage schmoren, garen, lässt dich leiden, bevor er dann als Retter vom Dienst fungieren kann und seine Hilfe anbietet bzw. quasi aufdrängt. Er holt sich auf diese Weise seine Anerkennung und Selbstliebe. Sie geben anderen Menschen eher selten bis nie recht und wenn sie müssen, dann auf diese Art und Weise: „Jetzt, wo du dat so sagst, komme ich mit deinen Argumenten zu 95 % überein, nur um 180 Grad gedreht!" Der Realist glaubt scheinbar an die Geschichten, die früher in seinen Mathe-Büchern standen oder dass das Leben genauso ist und nicht anders! Aber wer kauft schon 52 Melonen an einem Tag, um dann 31 Melonen wieder zu verschenken und dafür durch 22 Bananen zu teilen? Als verantwortungsvolle Elternteile gehen sie später deshalb ganz nach dem genetischen Prinzip und der Erziehungsmethodik nach Wittenberg vor:
- heuristische Auseinandersetzung

mit Problemen, also mit begrenztem Wissen zu wahrscheinlichen Aussagen oder praktikablen Lösungen zu kommen!

- Schaffung angemessenen Vorgehens und adäquater Begriffe zu Lebensproblematiken

- bis zum verhältnismäßig abgerundeten Überblick einer verhältnismäßig systematischen Problemlösung.

In der Realität sieht das zum Beispiel so aus: Egon Brunner, geboren 1929 in Essen und zweiter Fahnenträger der Hitlerjugend, unterstützt seine sechzehnjährige Tochter, nachdem sich ihre erste große Liebe von ihr getrennt hatte: „Schätzelein, Liebe bringt niemanden um, sie schießt dir nur ins Knie und lässt dich eine Zeit lang humpeln, bist du wieder wat Neues gefunden hast! Liebe ist auch nur ein Gefühl von vielen Gefühlen, guck, ich hab mich zuerst auch in die Oberweite deiner Mutter verguckt, bevor später die Liebe da war. Dat wird schon!" Die Realisten glauben nun mal nicht an den Weihnachtsmythos, für sie ist Weihnachten der reinste Konsumwahn und das muss auch ein Kind wissen, dass wir von einer monopolartigen Konsumgesellschaft gesteuert werden! Wenn Fantasie und Realismus aufeinandertreffen, gibt es eben immer Zoff! Aber wenn man mit dem Realisten vernünftig streitet und in der Lage ist mitzuhalten, sich verteidigt und in die Tiefe geht, dann gerät er plötzlich ins Schwimmen, vor allem, wenn er seine eigenen Gefühle zum Ausdruck bringen muss! Das mag der Realist gar nicht: über Gefühle sprechen. Kritisieren ja, aber selber Schwäche zeigen, nein! So wie unsere Omma Gertrud: Wenn et um Gefühle ging, dann war sie auch auf einmal verschwunden, stand auf und ging einfach, ohne etwas groß zu sagen. Die Omma ließ dich einfach mit deinen Gedanken und deiner Wut im Bauch stehen, das war ihr egal. Wenn der Skatklub da war und die Köppe hatten sich nach dem zehnten Bier wieder mal so richtig in den Haaren und es wurden endlich mal Sachen gesagt, die irgendwie allen auf der Seele lagen, dann stand die Frau einfach auf und ging in ihre Stube. Weg war sie, da kannte sie nichts und strickte dann immer, saß unter der beigen Schirmlampe in der Ecke hinten rechts, schwieg und strickte:

Omma Niederrhein,
So nannten wir sie,
Hat gelernt zu schweigen.

Sie selbst hat ihre eigenen Gefühle
weggeprügelt bekommen,
Damals 1938,
Wenn sie versuchte dem alten Vater
Stirn zu bieten,
Bis sie am Ende auch wirklich nichts
mehr fühlte.
Eigene Entscheidungen durfte sie im
Leben nie treffen,
Das tat immer ein anderer für sie.
Und sie gehorchte,
Es war ja normal, zu gehorchen!
Sie kannte auch nichts anderes.

Omma Niederrhein,
So nannten wir sie,
War für alle Menschen da
Und unser Hansdampf in allen Gassen,
immer präsent, wenn man sie
brauchte,
So als hätte sie selbst keine
Bedürfnisse gehabt.
Sie war Problemlöser, handelte
gewissenhaft, stand Tag und Nacht
ein, wenn man nach ihr rief,
War sie da.
Sie existierte nur für ihre Lieben.

Omma Niederrhein,
So nannten wir sie,
War nach außen hin nie traurig.
Sie hatte immer ein Lächeln für uns,
Und wenn es ein Problem zu lösen
gab.

Immer ein Lächeln,
Immer ein großes Herz.
Nach ihrer Kindheit kam der Krieg,
Omma Niederrhein saß dann in
Gütersloh tagelang unten im Keller
und strickte,
Über ihr fielen die Bomben auf die
Häuserdächer,
Da war die Angst,
Die Zerstörung und all die Toten,
All die Erlebnisse,
Das Schaurige und Traurige.
Aber sie sprach nie darüber,
Sondern strickte Pullover, Jacken
und Mützen für die Kinder,
Enkelkinder und Urenkel.
Sie strickte noch und noch,
Tag ein und aus,
Um das zu verdrängen,
Was sie erlebt hat,
Um das Dunkle in sich zu halten
Und zu verbergen,
Was sie erlebt hat.
Sie strickte,
Um nicht an dem zu vergehen,
Was sie durchgemacht hat.

Omma Niederrhein,
So nannten wir sie,
War ein stiller Mensch.
Sie konnte es nicht über die Lippen
bringen:
„Ich liebe dich" oder
„Gut gemacht!" zu sagen.

Sie nahm dich auch nicht in den Arm,
Wie konnte sie auch,
Wenn du es selbst nie erfahren hast.
Stattdessen gab es zum Geburtstag
Geld im Umschlag.
Und wenn es Nöte gab,
Setzte sie alles in Bewegung.
Reden war nicht ihre Stärke,
Fühlen war nicht ihre Stärke,
Aber Omma Niederrhein war stark.

Omma Niederrhein,
So nannten wir sie,
War oft streng und verletzend.
Sie hatte Prinzipien in den Kopf
gemeißelt bekommen
Und das Träumen hatte sie verlernt.
Ich musste erst verstehen,
Dass ihre Art zu schweigen,
Ihre Strenge,
Ihre Kälte,
Nichts mit mir zu tun hatte.
Sie war am Ende das,
Was man aus ihr gemacht hat,
Was man aus ihr gemacht hat!
Sie kam nicht aus ihrer Haut.
Und am Ende ihres Lebens,
Konnten wir uns gegenseitig besser
verstehen,
Uns gegenseitig verzeihen
Und uns einfach lieben,
So wie wir sind,
So wie wir waren.

Omma Niederrhein

Tipp 6

Essen Sie sich an allen Festtagen satt und rund, so als würde morgen der 3. Weltkrieg ausbrechen!

Der Marathon-Terminplan für die Festtage steht! Heiligabend: Vormittags bei Onkel Peter in Rheydt zum opulenten Brunch oder niederrheinischer Frühschoppen. Mittags schnell nach Hause und die Kinder schlafen legen. Nachmittags bei Mutter Erika und Vatter Karl in Baerl, inklusive Bescherung, Kaffee-Klatsch und Gans-Essen. Am Abend schnell wieder nach Hause und die Kinder ins Bett, dann Pärchen-Abend mit Rosi und Bernd. Es gibt ein Betthupferl mit Mitternachtsgulasch. 2. Weihnachtsfeiertag:

Frühstück mit den Brüggemanns. Mittags zu Omma Gudrun nach Rumeln-Kaldenhausen, die Kinder schlafen da. Et gibt Kaffee und drei selbst gebackene Kuchen zur Auswahl. Abends zu den Schwiegereltern, Sauerbraten und Klöße, als Nachtisch Käse-Sahne-Dessert! Es gibt Bier vom Fass und eine Käseplatte zu später Stunde. 3. Weihnachtsfeiertag:

83

Morgens zu Tante Manuela, Fisch-platte und Hackbällchen. Mittags schnell zu Hause die Kinder ins Bett, irgendwie haben sie keine Lust mehr auf Essen und auf wach sein. Nachmittags zu Schwägerin Anne. Es gibt Waffeln, Vanilleeis und Beeren-Traum. Abends kommen die anderen Schwager-Familien hinzu, es gibt Raclette-Varianten und Pell-kartoffeln. Als Nachtisch Crème brulèe und für die Kinder Haribo-Colorado-Mix-Kisten. Als Begleitung Rotwein aus der Toscana, etwas später zum Wein haben wir Käse-Trauben-Spieße und Datteln im Rohschinken. Noch später eine Knabber-Auswahl in drei Variationen und kleine Pizza-Piccolinos. Ab da weiß ich nichts mehr! Ich liege drei Tage am Stück im Wachkoma! Hier die Top 5 der deutschen Weihnachtsessen nach einer aktuellen Umfrage:

1. Kartoffelsalat mit Bockwürstchen
2. Braten oder Steak
3. Gänsebraten
4. Raclette
5. Fondue gleichauf mit Fisch!

Quelle: Eatsmarter.de

Die Gans ahnt nichts!
Foto:Pixabay.com

Wenn man dann aus dem Fress-Koma
erwacht, hat man drei bis fünf Kilo
zugenommen und fühlt sich so
schlecht, aber so wat von schlecht!
Ich sehe dann überall griesgrämige
Leute herumlaufen, die sich so
schlecht fühlen. So schlecht! Aber
das mit dem Essen an Weihnachten kam
aber auch wieder überraschend, das
hätte ja wirklich niemand voraus-
sehen können, dass überall ge-
schlemmt wird. Ich frage mich dann,
warum sprechen sich die Leute nicht
besser ab, muss es denn immer die
volle Ladung sein? Aber hinterher
geht es einem so schlecht und man
ist so unzufrieden mit sich selbst!
„Also nächstes Jahr, da esse ich
nicht so viel! Nächstes Jahr ganz

bestimmt!"

Der Heinz Becker bei uns von der Leuchnerstraße in Bergheim, den Mann kennen Sie nicht, aber ich wollte Ihnen das nur kurz mal erzählen, der Mann beginnt Weihnachten quasi mit einer ausgewählten Diät. Ja, der Heinz isst dann an allen Feiertagen nur Fleisch, nichts anderes. Morgens, mittags und abends nur Fleisch. Nichts anderes. Das ist die Steinzeit-Diät! Nur Fleisch, nichts anderes. Auf diese Art nimmt der Heinz nur vier Kilo pro Feiertag zu! Diese Steinzeit-Diät muss ich unbedingt ausprobieren, unbedingt! Der Heinz sagt auch: „Also mit der Steinzeit-Diät, da fahre ich ganz gut mit! Die paar Kilo vorne am Bauch, dat sieht man ja gar nicht, außerdem bei dem letzten Sommer am Niederrhein, da lohnt sich doch gar keine Bikinifigur mehr!"

Nee, also da hat der Heinz schon recht. Ich esse ja auch gerne! Es gibt ja Menschen, die sitzen beim Griechen und sind nach dem Vorspeisen-Salat satt, nicht wahr, die stöhnen dann schon. Und es gibt mich, wobei ich überlege, ob mir die 2-kg-Poseidon-Platte reicht! Ich werde dann schon mal knorrig, wenn ich nichts zu essen bekomme, da erwischt man mich dann auch gerne

mal auf dem falschen per pedes, also
Fuß! Mit leerem Magen kann ich auch
nicht denken, also dat geht gar
nicht! Ich mag ja besonders
Durcheinander, also Durcheinander
dat is wirklich wat Feines und
könnte ich auch zu Weihnachten
essen! Dat tut mir nix! Als Beispiel
nehmen wir mal jetzt den schönen
Walbeck-Spargel: Wenn ich irgendwo
Spargel esse, dann drücke ich die
Kartoffeln immer schön in die
Hollandaise-Sauce rein, bis dat so
einen cremigen Stampf gibt!
Köstlich! Ich brauche dafür na-
türlich auch gutes Besteck, also
eine Gabel, die sich nicht verbiegen
lässt! Ich bring dann gerne mal dat
schöne silberne Gäbelchen von Omma
auch auswärts mit zum Spargelessen,
das ist gute alte Reichsbahnhof-
Qualität aus Gütersloh und das ist
mir auch egal, wenn dat komisch
aussieht, wenn ich meine Gabel
irgendwo am Tisch auspacke. Nee
wirklich wahr, mit dem Durch-
einander, da lass ich mich von
anderen auch nicht mit verbiegen,
wie so eine Gabel eben. Mein Oppa
hat früher schon immer gesagt: „Et
kommt doch eh alles zusammen unten
in einem Magen an, da kannst du
ruhig durcheinander essen!". Auch
das ganze geistige Durcheinander,

was heute so tagsüber herrscht, dat
kommt alles unten zusammen im Magen
an und wird irgendwie verdaut! Aber
was ich jetzt nicht so mag, ist zum
Beispiel Joghurt! Gut, so mit
Folienkartoffel beim Grillen, dat
geht et noch so eben! Joghurt beim
Grillen: Okay! Kartoffelsalat
meinetwegen, da ist ja auch alles
durcheinander und Zaziki mit
Gürkchen, och, dat ist lecker, also
dat lass ich noch durchgehen, aber
manche Menschen ernähren sich ja
fast nur noch von Milchprodukten und
nichts anderem. Morgens Obst mit
Joghurt, in der Mittagspause Joghurt
mit diesem Smarties-Jedöns und
abends Quark auf Brot mit Kresse.
Mit Kresse! Also Kresse! Kresse! Mit
Kresse kann man mich jagen, wenn ich
ein Dackel wäre, da müssten sie mich
zum Kresse jagen hinschleppen! Aber
so wat von! Aber Durcheinander, dat
hat wat! Kartoffelstampf, zum
Beispiel, mit angebratener Leber,
süßen Zwiebelchen, Äpfeln und mit
feinem Speck ausgelassen, och, dat
is lecker! Dat is lecker! Haben Sie
schon Hunger? Für Himmel und Äd steh
ich nachts um zwei auf und geh
runter zum Kühlschrank, dat tut mir
nix, dat tut mir nix, aber gar nix!
Ja gut, Reibekuchen ist so eine
Sache, Bockwürstchen mit Senf geht

auch noch zu unchristlicher Zeit, aber Fisch! Fisch esse ich ja zum Leben gern, also für Fisch, da würde ich ja töten! Es gibt nix Schöneres, wenn man oben an der Nordsee is und dann frischen Fisch isst, lecker! Ganz egal, ob Scholle, Schellfisch, Backfisch oder wie die Köppe alle heißen! Aber mit dieser neumodernen Küche, da komm ich persönlich ja gar nicht bei! Ich kriege da keinen Fuß in die Küchentür, könnte ich auch sagen! Zum Beispiel: Gegartes Ofengemüse mit indischem Kartoffel-Ingwer-Püree und Löwenzahnkohlrabi-salat! Also, wie soll so wat in meinen Körper reinkommen, mal ehrlich? Jede Pore meines Körpers verschließt sich da, dat is quasi ein autonomes Verhaltensmuster! Ich tue mich generell mit modernen Sachen eher schwer, zum Beispiel Jeans-Hosen mit Löchern. So wat geht ja gar nicht! Oder kreative Stauraumlösungen, so nennen die Designer dat neumodern, also bunte, sinnlos gefüllte Schubladen! Die Dinger mach ich gar nicht erst auf, ich muss sie ja sowieso wieder zumachen! Pannas, dat is was Feines! Dat is wat Feines! Dat Pannas vom Menges bei uns in Oestrum, unseren Metzger kennen Sie vielleicht nicht, aber ich wollte dat einfach mal erzählen, aber dieses Pannas lässt sich wie Butter schneiden, zerfällt aber auf der Gabel nicht, dat steht förmlich, dat steht auf der Gabel! Also vom Feinsten, vom Feinsten, auch wie dat plötzlich auf der Zunge zergeht! Diese Supermarkt-Dinger, die fallen ja links und rechts alle von der Gabel runter, aber bei uns vom Metzger Menges vom Feinsten, wie dat muss. Nee, also wirklich! Aber ich blicke bei diesen ganzen Ernährungsstilen heutzutage auch gar nicht mehr durch: diese Flexitarier, Frutarier, Vegetarier, Veganer und Marsianer! Wat sie nicht im Kopp haben, haben sie im Magen, ist doch wahr! Ich meine, da muss man ja zusehen, wo man heutzutage bleibt. Ich als Fleischesser bin da Randgruppe! Der Steuerhilfe-Verein aus Wachtendonk hatte mich neulich zum Abendessen eingeladen, also Wachtendonk ist wirklich ein ganz hübsches Städtchen, aber warum ich jetzt vom Steuerverein eingeladen wurde, weiß ich nicht, aber ist auch egal, et gab leckeren Fisch! Ich sitze jedenfalls neben einem Steuerfritzen, er ist natürlich hoch-akkurat angezogen, nicht wahr, kariertes Hemd, Designer-Brille und seit seiner letzten Trennung auch Veganer! Ja, er brauchte Ver-

änderung, Frauen schneiden sich die Haare ab, Männer werden neuerdings Veganer! Da sach ich so beim Essen zu ihm: „Hömma, würdest du jetzt nicht lieber auch wat Pikantes essen?" Da sacht der Typ in leiser Stimme, damit ihm bestimmt alle zuhören, das hat man ja manchmal an so Tischen, dass so Leute narzisstisch von oben herab flüstern: „Wenn du wirklich vegan lebst, du das wirklich konsequent durchziehst, deine Sinne sich plötzlich beginnen zu reifen und sich zu entwickeln, aber dann möchtest du doch mal etwas wirklich Pikantes, Sie werden es nicht glauben, Herr Kersken, dann schmeckst du plötzlich, gaaaanz plötzlich, wie pikant eine Senfgurke schmecken kann!" Ich sach: „Bestimmt is dat so! Aber so wat von!"
Nee, also so Sachen lehne ich ja rundweg oder sozusagen schlankweg ab, da kann man mich mit jagen, da kriege ich keinen Fuß in die Türe der modernen Küche. Ich gehe auch einfach zu gerne ins Restaurant und möchte dieses Flair haben mit Leichtigkeit, Genuss und gutem Wein. Aber ein gutes Restaurant zu finden ist ja nicht leicht, zumal es überall bei uns nur noch Griechen gibt. Nix gegen die Qualität, aber

egal wo man guckt, der ganze Niederrhein ist mit Griechen mittlerweile zugepflastert. Ich geh ja auch gerne zum Griechen, aber ich hab dat Gefühl, bald gibt et ja nix anderes mehr, nix anderes und die Leute gehen heutzutage ja meistens nur zum Griechen. Egal wen man fragt: „Wir waren beim Griechen essen." Oder schauen Sie doch mal in so ein Gutscheinbuch rein, das kennen Sie bestimmt, wo man mit Gutschein ein Gericht umsonst kriegt, da finden Sie nur Griechen. Wie bei unserem Griechen in Oestrum an der Kreuzung. Gutschein: Wer zwölf Ouzos schafft, bekommt eine Flasche Ouzo umsonst! Die Flasche muss man aber noch im Restaurant trinken! Tolle Sache! Tolle Sache! Ich habe mich ja mal einen Monat lang nur mit Gutscheinen vom Griechen ernährt: montags Gyros, dienstags Suzuki, mittwochs Suflaki, donnerstags Bifteki, freitags Zaziki, wegen dem Eiweiß, samstags Nagasaki und sonntags die Olympiaplatte, weil ja Sonntag is! 25 Kilo in einem Monat, zugelegt versteht sich. Dat muss Weltrekord sein! Ein Bekannter hat mich danach gefragt: „Wat hast du denn gemacht?" Ich sach: „Steinzeit-Diät! Kennze Steinzeit-Diät? Ein Monat nur

Fleisch, keine Kohlenhydrate! Dat is
so ne neumoderne Diät! Dem Griechen
sei Dank! Dem Griechen sei Dank!"

Bei uns beim Griechen in Oestrum:
Wer zwölf Ouzo schafft, kriegt eine
Flasche Ouzo umsonst, die Flasche musst
du aber noch im Restaurant trinken!
Foto:Pixabay.com

Tipp 7

Das Weihnachtsfest ist ein Grund zum Feiern, betrinken Sie sich sinnlos und lassen Sie sich gehen!

Das Jahr nähert sich dem Ende und es gibt nun endlich wieder überall Weihnachtsfeiern, auf denen Sie richtig Party machen können! Die Weihnachtsfeier der Firma eignet sich natürlich besonders gut, um abzustürzen. Trinken Sie sich Mut an und geigen Sie dem narzisstischen Chef endlich mal die Meinung oder Sie beschimpfen Ihre lästigen Kollegen, die es schließlich verdient haben! Lass es laufen! Dank des hemmungslosen Genusses von zehn Glühweinen und drei 'Mon Cheri' gehen Sie völlig leichtfertig mit Ihren Ansichten über Kollegen und der Führungsetage um und kommen dafür nachts leicht fertig nach Hause! Aber die Seele ist dafür befreit, Sie können sich an nichts erinnern, aber Sie fühlen sich irgendwie erleichtert! Rufen Sie doch gleich mal ein paar Kollegen an und erkundigen sich, was Sie auf der

Weihnachtsfeier alles so geäußert und angestellt haben. Stehen Sie zu Ihrer Meinung, auch wenn Sie beim Versuch den Projektleiter nieder-zuschlagen auch den Boden gleich mit attackiert haben, bleiben Sie im Nachhinein authentisch und echt! In veritas glühvino, geben Sie Butter bei de Fische, auch wenn Sie einen im Kahn hatten. Ihre Kollegen werden es Ihnen danken, wenn Sie das betrunken aussprechen, was sich üblicherweise niemand traut offen zu sagen! Sie fördern damit die Gruppendynamik in Ihrer Abteilung und geben den Chefs wichtige Denkanstöße und Anregungen im Umgang mit Mitarbeitern und Personal. Man könnte sagen, die moderne Weih-nachtsfeier ist eine kostengünstige Mitarbeiterschulung in gelockerter Atmosphäre. Ein guter Chef ist auf der Weihnachtsfeier sowieso viel peinlicher als Sie selbst oder seine eigenen Mitarbeiter, sogar im Endstadium Ihres Glühweinrausches übertrumpft er Sie noch! Der moderne Chef plaudert im Schwips Interna aus dem Nähkästchen der Firma, bringt einen schlechten Frauen-Witz nach dem anderen, erzählt hemmungslos über seine Jugendsünden und Saufgelage, lässt keine Gelegenheit aus, um zu sagen, wie toll und fähig

er doch ist und mit wem er in der
Firma schon alles im Bett war! Ein
kompetenter Chef nutzt die aus-
gelassene Atmosphäre, um über-
steigerte Mitarbeiter-Nähe zu zeigen
und das Bild zu schärfen, das seine
Angestellten sowieso schon heimlich
von ihm hatten. Aber auch auf den
Familienfeierlichkeiten gibt es
immer jemanden, der Weihnachten
nutzt, um sich sinnlos zu betrinken.
Isso! Da sitzt Onkel Peter schon
nachmittags säuselnd und pöbelnd mit
dem Grappa infernale beim Kaffee-
kränzchen, ja, das hebt die
allgemeine Stimmung! Es gibt ja
sogar Leute, die fahren jedes Jahr
auf Busreise zu diversen Weih-
nachtsmärkten, die nennt man dann
neumodern Weihnachtsmarkt-Hopper,
und tingeln von Glühweinbude zu
Glühweinbude! Da gibt es manche
Köppe, die rufen montags noch mal im
Hotel an und fragen nach, was sie in
der Nacht von Freitag auf Montag
gemacht haben! Man könnt böswillig
sagen, das ist die Glühwein-Diät: Er
hat drei Tage in einer Woche
verloren!
Aber mal ehrlich, einen Nieder-
rheiner kann man auf jedem Weih-
nachtsmarkt in ganz Deutschland
antreffen, isso! Ich sage immer:
„Der Niederrheiner ist wie so eine

96

chronisch verschleppte Bronchitis, den wirst du nicht los!" Sie können ja mal den ultimativen Test machen und am Glühweinstand einfach so eine Frage über irgendein technisches Teil in den Raum werfen bzw. an die Stehtische. Stellen Sie sich einfach auf den ‚Nürnberger Christkindlesmarkt' an den nächstbesten Glühweinstand und rufen ganz salopp hinaus: „Kennt sich einer mit der ‚Nikon 2000' TFT mit dem 21 Megapixel Display aus?" Die Wahrscheinlichkeit, dass sich jemand auf dem Gebiet so spezialisiert auskennt und dann noch auf dem Christkindlesmarkt seinen Glühwein trinkt, geht gleich null, aber wenn Du einen Niederrheiner in Nürnberg an der Glühweinbude stehen hast, dann sagt er dir nicht wie die anderen Ahnungslosen: „Sorry, also mit Kameras kenne ich mich aber so gar nicht aus, also in der Branche liege ich brach, ich weiß davon nix, da musse mal jemanden anderes fragen!" Nein, der Niederrheiner fängt an, dir die ‚Nikon 2000' zu erklären! Er fängt einfach munter an, dir die Funktionalität zu erläutern, wobei er keine Ahnung von der Sache an sich hat! Der Niederrheiner kann nichts anderes, das liegt in seiner Natur. Der Mensch hat den Begriff

97

Nikon maximal im Foto-Shop einmal zufällig aufgeschnappt oder irgendwo mal was über Kameras quergelesen, nicht wahr, nur quergelesen, aber der Niederrheiner erklärt dir ganz selbstbewusst und total selbstverständlich, wie diese Kamera funktioniert. Aber so wat von! Das ist dieses fundierte Halbwissen, mit dem der Niederrheiner durch das Leben geht, sich streitet und diskutiert, immer wenn er keine Ahnung hat, dann erklärt er dir trotzdem die Welt, und wenn du ihm wiederum etwas erklärst, tut er scheinheilig so, als wüsste er, wovon Du sprichst! Isso!

Nach der Weihnachtsfeier im Bezirksamt oder: nach der Weihnachtsfeier ist vor der Weihnachtsfeier!

Foto:Pixabay.com

Klären Sie an Heiligabend alle offenstehenden Konflikte!

Sie sind vielleicht ein Mensch, der offenen Austausch bevorzugt? Dann halten Sie Heiligabend bestimmt für den idealen Zeitpunkt, um ungelöste Konflikte auf den Tisch zu bringen! Es sind schließlich alle Leute beisammen, die es betrifft, und einer Aussprache wie munteren Drauf-los-Streitens steht nichts mehr im Wege! Wenn Sie nicht wissen, wie Sie mit einer Konfliktklärung am besten beginnen, dann legen Sie sich kleine Einleitungssätze parat: „Was ich dir schon immer mal sagen wollte!" oder „Ich weiß nicht, ob dir das schon aufgefallen ist, aber ..."
Der moderne Mensch, wie fremd sich das auch anhören mag, aber der moderne Mensch ist heutzutage ja konfliktfähig oder er muss es zwangsweise sein, denn heutzutage gilt überall das Motto: der Stärkere gewinnt und der Schwache wird einfach ersetzt. Also Ellbogen raus und streiten, durchsetzen und recht

haben! Basta! Dieses Prinzip finden wir in der Berufswelt, im Verein, in der Schule und mittlerweile in zwischenmenschlichen Beziehungen. Du brauchst da eine Elefantenhaut, ein dickes Fell, musst zäh wie Leder sein, eine Pferdenatur haben und neumodern: taff oder tough sein! Heute muss man durchpeitschen und hin und wieder taube Ohren haben oder an der niederrheinischen Taubheit leiden: nur das hören, was man hören möchte! Früher waren wir gelassener, heute streiten wir um jede Kleinigkeit oder erheben die Stimme für den kleinsten Killefitz. Alles muss ja perfekt sein, keine Schwäche zeigen und keine Fehler haben dürfen, so haben wir das gelernt, da wird wegen eines extravaganten Kleides schon mal ein Bürostreit vom Zaun gebrochen oder jemand weggemobbt. Die Krawatte passt nicht zum Business-Hemd, dann passt er aber auch nicht in unser Team-Konzept! Der Markt an Fortbildungen, teuer bezahlten Wochenend-Kursen für selbstbewusstes Auftreten, „Wie sage ich Nein" oder „Der starke Angestellte!" boomen! Als könnte man aus Mettwurst Marzipan machen! Isso! Aber wir brauchen Stärke, Selbstbewusstsein, zumindest sagt man uns das! Kein

Mensch spricht bei einem Einstellungsgespräch mehr davon, was er mal falsch gemacht hat und woraus er dadurch gelernt hat, gewachsen ist und anders machen würde! Alle sind toll, du brauchst nur in die Bewerbung schauen, da steht es, schwarz auf weiß, und ich kann dir das auch perfekt runterbeten, wie toll ich bin!

Das menschliche Miteinander, die Kommunikation, der verbale Austausch untereinander und der deutsche Satzbau an sich haben sich dadurch natürlich total verändert: Subjekt, Prädikat und Beleidigung! Überall wo man hinschaut ist Knatsch und das fängt morgens an und hört abends auf: Beim Bäcker ist Knatsch wegen Matsch-Brötchen, in der Bahn wegen dem Monats-Ticket, auf der Arbeit wegen allem, in der Mittagspause beim Italiener fehlt das Salat-Balsamico-Dressing, in der Kantine ist der Kaffee wieder kalt, wieder in der Bahn gibt es Knatsch wegen der Verspätung, zu Hause nur Knatsch wegen der Wäsche, im Sportverein Knatsch wegen der Mannschaftskasse und wenn ich abends im Bett liege, knatscht meine Seele mit mir. Ist doch wahr!

Menschen haben grundsätzlich verschiedene Strategien, um mit

Konflikten umzugehen, in der Verhaltenstherapie heißt das Konfliktverhalten und tatsächlich neigen wir Menschen dazu, uns in bestimmten Lebenssituationen immer gleich zu verhalten, was nicht immer von Vorteil ist, da ein universelles Verhalten für alle Lebenslagen nicht immer zum gewünschten Resultat führt. Wir müssten dafür in unserem Verhalten flexibler sein, verschiedene Verhaltensweisen parat haben und diese abrufen können. Wir kommen aber oft nicht aus unserer Haut, vielleicht kennen Sie das, wenn jemand zu Ihnen sagt: „Sag mal, wie oft habe ich dir schon gesagt, dass …!" Es gelingt uns aber oft trotzdem nicht, bestimmte Macken abzulegen, weil viele Verhaltensmuster unterbewusst und automatisch abgerufen werden. Menschen neigen auch in Konfliktsituationen immer wieder zu ritualisiertem Verhalten. Es gibt den Typ, der alles und jeden unterdrückt, kleinmacht und verbal niederringt. Diese Menschen sind sehr selbstbewusst und halten an ihrer Linie fest: „Du hast zwar recht, aber meine Meinung finde ich trotzdem besser!" Also so Leute muss man mögen, lieben, finanziell von abhängig sein oder man ist mit denen verwandt, um das langfristig aushalten zu können!

Dann gibt es den Typ Schweiger, der alles wegschweigt und unausgesprochen lässt, ein Typ, der häufiger bei Männern zu finden ist und bei Frauen für emotionales Impulsverhalten führt, wie Wutausbrüche: „Jetzt sag du doch auch mal wat dazu!"

Die Schweiger verdrängen auch gerne mit Alkohol ihre Konflikte, dann steht schon nachmittags das niederrheinische Herrengedeck aus Bier und Korn auf dem Tisch. Ich bin mal einem Schweiger bei uns in Oestrum im Schäfchen begegnet, eine sehr schöne Kneipe, leider schon zu, aber wirklich sehr urig. Das Schäfchen liegt Richtung Asberg rechts hinter den Bahnschienen bzw. wenn Sie von Asberg Richtung Oestrum fahren, links hinter den Bahnschienen, dat is Ansichtssache, aber ich möchte Sie mit mir jetzt auch nicht weiter belasten, das führt sonst zu weit, aber das Schäfchen war schön, das muss ich noch eben sagen! Jedenfalls, ich saß dort eines Nachmittags nach einer Fahrradtour an der Theke und ungelogen, der einzige weitere Gast saß mir schräg gegenüber und hat drei Stunden lang nichts gesagt. Nichts! Er hat drei Stunden lang geschwiegen und nur gesüppelt. Ich kann das ja aushalten, diese Stille, meine Frau ja nicht, aber ich mag diese Stille, dann kann man mal nachdenken! Er hat bestimmt seinen Frust weggesoffen, et sah jedenfalls so aus, als würde er nicht nachdenken, aber man weiß ja nie genau, wenn so Leute drei Stunden auf das Bier und Korn gucken und schweigen, ob die jetzt nachdenken oder nicht, man weiß es nicht. Man steckt ja nicht drin! Man weiß es einfach nicht, denkt der Mensch jetzt nach oder ist er ins Koma verfallen? Man steckt nicht drin, in so einem Kopp, nicht wahr! Der Mann kann besoffen sein oder womöglich hochintelligent, kann ja auch sein! Und viel schlimmer: Er ist hochintelligent, aber ständig besoffen. Man steckt nicht drin!

Er guckt jedenfalls nach drei Stunden urplötzlich hoch, mir direkt in die Augen, ich war ganz verdutzt, und sagt: „Ich mag deine Fresse nicht!"

Ja, wirklich wahr! Er war drei Stunden im Koma, wacht auf und sagt: „Ich mag deine Fresse nicht!" Die Psychologen nennen das Gegenübertragung, weil er seine Probleme auf meine Fresse projiziert! Ich sage zu ihm: „Dann sind wir schon zwei!" Da platzte der Knoten zwischen uns, so könnte man das am besten formulieren, und dann fing der auf einmal an zu reden, da kam der ganze Frust von innen aus ihm herausgesprudelt, wie aus so einem Tisch-Springbrunnen: „Also, Herr Kersken, wie Sie dat immer machen, ich habe gehört, Sie haben das zweite Kind bekommen, aber die ganzen Bücher schreiben Sie trotzdem und Lesungen und alles, also wie Sie das alles gemanagt bekommen, Hut ab. Charly, mach mal zwei Korn, ne drei Korn, fürn Kersken auch, da trinken wir jetzt drauf! Auf Patchwork! Also wirklich, wie Sie dat immer machen mit den Kindern und Schreiben und dem Gedöns. Ich habe ja mein Leben lang immer Laisser-faire gelebt, nicht wahr, wenn ich freitags um 20 Uhr mein Feierabendbier aufgemacht habe, dann war alles in Ordnung! Ich sage Ihnen das ganz offen, so lange dat mit dem Feierabendbier ging, war mir persönlich egal, wie meine Frau mein Kind erzieht. Laisser-faire eben. Laisser-faire! Lasse machen. Aber wehe, wenn ich freitags nicht mein Feierabendbier aufmachen konnte, dann hat meine Frau auch mal zu spüren bekommen, wo der Hammer hängt. Gut, jetzt sind wir geschieden, aber die Frau war auch stark depressiv am Ende, ja, die hatte Malesse mit Depression, aber konnten sie nix mehr dran machen. Die Frau war überhaupt nicht mehr belastbar, also so wat von nicht belastbar, obwohl ich ja immer Laisser-faire war, immer Laisser-faire. Solange ich mein Feierabendbier hatte, habe ich die machen lassen, aber trotzdem, am Ende war die Frau durch den Wind. Also ne Depression is ja fies, mal ganz ehrlich, dat wünscht man ja dem ärgsten Feind nicht, so ne Malesse! Nee, aber ihr muss es jetzt wieder besser gehen, weiß der Geier, warum auf einmal, aber schön für sie. Herr Kersken, Sie aber mit Ihren Kindern und dem ganzen Jedöns, also Hut ab. Charly, mach mal drei, einen für den Kersken mit oder trinkst du auch einen, dann mach vier Korn!" Ich habe noch gedacht, erstaunlich, was in so einem Schweiger alles an Gedanken drinstecken kann, wie so eine Wundertüte, wenn man es denn schafft, ihn zum Reden zu bekommen, also den richtigen Knopf bei ihm drückt. Sympathisch, so ein Typ, aber so wat von!

Das Gegenteil des Schweigers ist der Choleriker! Dieser Typ erhebt die Stimme im Streit, was seine Argumente nicht besser macht, aber es schüchtert ein. Er schreit den Frust raus, ist cholerisch, übertönt andere und alles. „Meine Therapeutin hat mir gesagt, ich muss es rauslassen, sonst fangen meine Konflikte geistig an und hören organisch auf. Ja, ich würde sonst mein Magengeschwür mit meinem Frust füttern, hat mir meine Therapeutin gesagt bzw. meine Friseurin in Trompet, aber die hat ja Menschen-kenntnis! Ich wohne in Kapellen, aber ich gehe in Trompet zum Friseur, weil die Frau hat Menschenkenntnis!"

Es gibt dann noch den Typen, und ihn mag ich am liebsten, der immer anderen die Schuld gibt, egal was ist, es sind immer andere schuld, es gibt immer einen Grund, warum irgendwas nicht geklappt hat, und wenn es der Mond ist! Kennen Sie das? Ich konnte heute nicht schlafen, es war Vollmond. Das Kind hat die ganze Nacht geschrien, bestimmt wegen dem Mond, der ist abnehmend! Es haben immer andere Schuld, ist ja auch leichter so.

Diese Menschen sind oft narzisstisch geprägt und übertragen ihren Frust auf andere, so von oben herab. Ganz schlimm, ich mag das gar nicht, so von oben herab. Es gibt leider nur wenige Menschen, die wirklich kompromissbereit sind, weil das natürlich auch Flexibilität im Verhalten und Resultat einfordert, es ist aber eventuell die gesündeste Variante. Der Niederrheiner streitet auch für sein Leben gern, nur völlig ohne Lösungsansatz! Da kommt die Zeit ohne Rat und das Ei des Kolumbus ist des Pudels Kern! Man kann sagen, er diskutiert sein Leben lang darüber, ob das Ei zuerst da war oder das Huhn. Es gibt beim Huhn-Problem eigentlich keine weise Antwort, aber der Niederrheiner findet immer eine Weisheit ohne Schluss! Ich war neulich auf der Nikolausfeier vom 'Tennisclub Grün-Weiß' in Moers eingeladen und Sie glauben es nicht, selbst bei offiziellen Feiern liebt es der Niederrheiner zu streiten, da werden Konflikte gelebt und niederrheinisch zelebriert, aber auch hier wieder nur belangloses Zeug, als wäre der Niederrhein der Nabel der Welt oder das Tor zu den sieben Weltwundern! Nicht dass die Welt mit ihren großen Problemen verändert werden müsste, nein, da wurde diskutiert, wo Neukirchen-Vluyn anfängt und wo Moers aufhört. Und das stundenlang und immer wieder von vorne, weil irgendeiner wieder ein neues Argument einwarf, denn jeder von den

Köppen weiß ja als einziger, wo Neukirchen-Vluyn anfängt und wo Moers aufhört. Keiner weiß dat wirklich ganz genau, aber bei dem bisschen, wat sie wissen, da sind sie sich zu hundertzehn Prozent sicher, dass das richtig sein muss!

Jetzt saßen die Köppe alle an einer langen Festtafel, jeder hatte so einen Schokoladen-Weihnachtsmann vor sich stehen, und das niederrheinische Streitgespräch lief psychologisch betrachtet, wie immer, in diesem Schema ab:

„Hasse gehört, wat der Holger vorhin mit Neukirchen-Vluyn gesagt hat und wie der dat gesagt hat? Ich hab dem darauf gesacht, dat du gesacht hast, und nicht dat ich dat gesacht habe, außerdem finde ich nicht gut, dat du dat so gesacht hast mit Neukirchen-Vluyn!"

„Wieso ich denn? Du hast doch gesacht, dat ich dat gesacht habe, dabei hab ich dat doch gar nicht gesacht, denn der Holger hat gesacht, dat du dat gesacht hast, aber ich, ich hab dat doch nicht gesacht, wat der Holger gesacht hat, aber ich finde dat jetzt gerade nicht gut, dat du dat jetzt auch gesacht hast, ich hätte dat gesacht, und nicht der Holger hätte das mit Neukirchen-Vluyn gesacht!"

110

„Dat finde ich aber auch nicht gut, dat du dat jetzt so mir nichts, dir nichts sachst!"

„Ich kann doch nichts dafür, wat der Holger mit Neukirchen-Vluyn sacht, aber dafür sach ich jetzt einfach gar nix mehr!"

„Und ich erst recht nicht!"

Und dann wird erst mal stur geschwiegen! Der erste Vorsitzende vom Tennisclub Moers hat 35 Jahre im Moerser Bauamt gearbeitet, ist dann nachts um eins noch mit dem Taxi nach Hause nach Asberg gefahren und hat die vom Bürgermeister beglaubigte Urkunde von Neukirchen-Vluyn ins Clubhaus mitgebracht. So stur waren die Köppe! Die Streithähne konnten ganz genau auf der Karte vom Bauamt sehen, wo Neukirchen-Vluyn aufhört und Moers anfängt, und das von oberster Stelle! Sie war hoch offiziell vom Bürgermeister beglaubigt, persönlicher geht es gar nicht mehr, aber da schob der Herbert Menzel, der für die Kinder eben noch den Nikolaus spielte und noch im Nikolaus-Kostüm an der Festtafel saß, ja, der hatte vor lauter Streiten keine Zeit sich umzuziehen, er schob die Urkunde mit der Hand beiseite, so zwischen Korn und Pils, und sagte: „Dat is Ansichtssache!"

Da ging dat ganze Spiel von vorne los. Einfach von vorne los, dat muss man sich mal vorstellen! Irgendwann hatten die Köppe dann so viel intus, dass keiner mehr miteinander sprach. Man könnte sagen: Sie hatten sich in Schweigen gehüllt, es herrschte Schweigen im Walde, niemand wollte das Schweigen brechen, es gab betretenes Schweigen oder sie hatten sich quasi gegenseitig zum Schweigen gebracht, dat is Ansichtssache! Schweigen ist Gold, sagt man ja, aber ganz zu schweigen von der Stimmung, die war nämlich dahin, nicht wahr! Neukirchen-Vluyn führte zu tagelangem Schweigen, denn da sind die Niederrheiner ja stur drin, im Stursein! Bis der erste Vorsitzende zwei Monate später verstarb, da fingen die Schweiger hinterher auf der Trauerfeier oder dem Leichenschmaus wieder an, miteinander zu sprechen. Nein, sprechen ist dat falsche Wort: zu streiten an!

In heutigen Zeiten, liebe Quer-denker, sollten wir aber auch gerne hin und wieder egoistischer sein. Ich denke, wir dürfen das! Wir können uns das hin und wieder erlauben, dürfen für unsere Bedürfnisse eintreten und sollten auch mal für uns selbst einen

Konflikt riskieren!

Erst heute hatte ich wieder diesen
Gedanken.
Quasi so ein Gedankenspiel, könnte
man sagen.
Wat der jetzt über mich denken mag!
Kennze dat?
Da willste wat sagen, aber halt!
Wat würde der dann über mich denken,
wenn ich dat jetzt sach?
Wat ich eigentlich sagen möchte!
Oder mal Nein sagen würde?
Kennze dat?
Also lieber nix sagen.
Dann denkt der sich ja auch nix.
Wenn ich nämlich nix sage!
So denke ich dann wieder.
Aber eigentlich is dat doch Quatsch,
einfach nix zu sagen!

Denn et is doch egal, wat ich denke,
wat der über mich denkt.
Wenn ich sage,
wat ich denke.
Und is auch egal,
wat der denkt, wenn ich sage,
wat ich denke
oder sagen möchte,
denn et is nur wichtig,
wat ich sage und denke.
Und nicht, wat ich nicht sage.
Weil ich denke,

Wat denkt der jetzt von mir,
wenn ich dat sage!
Aber mir gelingt dat wieder nicht,
zu sagen, wat ich denke.
Ich denke quasi immer nur an andere.
Kennze dat?

Erste Person Singular

Wir laufen durch das Leben
Barfuß über Waldboden und weiche
Tannennadeln
Im Zickzack durch dunkle Pfade
Und steinige Wege
Mit unserer Geburt
Sind wir verloren
Im Rhythmus vom Nehmen und Geben,
Rückschlägen und Aufstehen
Wir versuchen unser
Selbstbewusstsein hochzuhalten
Und wandern steile Berge hinauf
Jeder Schritt eine Erinnerung an
Fehler und Schuld
Schlechtes Gewissen fließt im
endlosen Lauf

Ein Leben lang
versuchen wir uns durchzusetzen
einzusetzen
Wir kämpfen für unsere Ideale
Stehen füreinander ein
Ellenbögen raus
Die Hoffnung hoch gehalten
Es kostet Kraft,
wenn wir fallen und mal scheitern
Dann richten wir uns auf,
marschieren mühsam weiter
Kämpfen gegen Windmühlen
Wir durchqueren Täler und blicken
über Horizonte
Bitten um Vergebung und erfahren
Schmerz
Lassen vom hohen Ross herab
Wir trauern und lassen zurück
Machen uns klein und ducken uns weg
Hin und wieder verkriechen wir uns,
um gestärkt hervorzukommen

Wir schreiten durch Kristall in
farbigem Licht
Und inmitten der La Sagrada Familia
Suchen wir nach Glauben
Nach Halt und Standvermögen
Wir denken an verpasste
Gelegenheiten
Unausgesprochene Worte mit ehrlichem
Gewicht
Es sammeln sich verpasste Chancen
Falsche Entscheidungen und stille
Verletzungen

Wie Luftbläschen im umgedrehten
Wasserglas
Sie zerplatzen still in den letzten
Abendstunden
Das Leben scheint hin und wieder
schwer

Es klingt absurd
Aber ich sehe mich zum ersten Mal
Mitten in diesem Auf und Ab des
Lebens
Allein und vom Leben gezeichnet
Verzeihe ich mir selbst
Und akzeptiere, wer ich bin

Alles macht mir Angst
Alles bewegt sich
Nirgendwo ist Halt
Niemand, der mich stützt
In diesem schutzlosen Raum
begegne ich meinem Spiegelbild
Selbstfindung

Von Angesicht zu Angesicht
Auge in Auge mit mir
Ich bin auf dem Weg
Und finde mich selbst
Alles Getane fällt ins Gewicht

Ich sehe mich
Keine Lüge mehr
Erste Person Singular
Und das bin ich!

Mich sehen und nicht immer die
anderen,
Mich zu akzeptieren und das, was ich
im Leben getan habe.
Mich einfach mal zu mögen.
Ja.
Ich glaube,
das sollte ich viel öfter mal
machen!

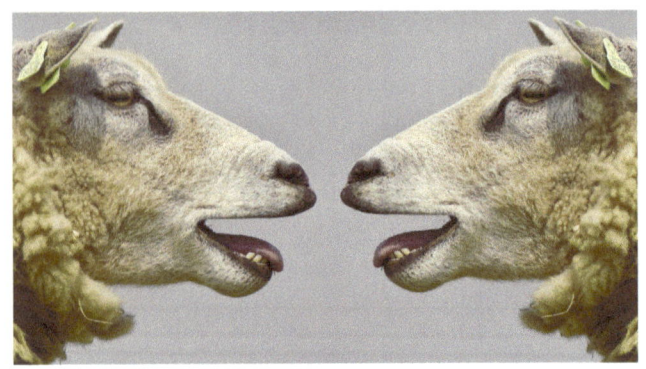

Zwei streitende Schafe bei Rees.
Der Niederrheiner streitet gern und
spricht offene Konflikte an, ohne einen
Lösungsansatz parat zu haben!

Fotos:Pixabay.com

Kühe in Baerl. Betretenes Schweigen nach
einer Konfliktsituation!

Tipp 9

Stören Sie sich an den Macken Ihrer Gäste und versauen Sie dadurch ihre Festtags-Stimmung!

Wenn wir uns eine weihnachtliche Festtags-Tafel anschauen, dann finden wir dort verschiedene Menschen mit den unterschiedlichsten Macken und Eigenschaften, die wir das ganze Jahr über ertragen haben, aber an Heiligabend, da sollten Sie besonders auf diese Fimmel achten, damit bei Ihnen bloß keine innere Harmonie entsteht! Sie führen am besten eine Strichliste und immer, wenn eine schlechte Manier bei jemandem zu Tage kommt, zack, einen Strich dazu. Sie kennen schließlich Ihre Pappenheimer und können problemlos sämtliche Macken for-mulieren und auflisten, auf diese Weise entgeht Ihnen, gerade an Weihnachten, aber auch wirklich nichts! Gewonnen hat das Familienmitglied oder der Gast, welcher am Ende die meisten Striche von Ihnen erhalten hat. Sie dürfen mit einer Flasche Sekt gratulieren!

Das wäre doch mal was! Die Nörgler mag ich besonders gerne, vielleicht kennen Sie welche? Der Miesmacher und Besserwisser hat immer einen schlauen Tipp parat und er bildet Sätze mit: du musst, du kannst mal, du solltest … Wenn wir diesen Querulanten während einer Diskussion in die Ecke drängen, er nicht mehr entkommen kann und zugeben muss, im Unrecht zu sein, und er keine Möglichkeit mehr sieht recht zu haben, dann sagt er: „Ja nee, da hast du recht!" Diese Aussage ist die weltberühmte niederrheinische Negation! Er gibt zu, dass du unausweichlich recht hast: „Ja, da hast du recht!" Aber durch das Wörtchen 'nee', das sein Empfänger kaum bemerkt, sagt er dir versteckt: „Du hast zwar recht, aber meine Meinung finde ich einfach besser, also eigentlich hast du nicht wirklich recht!" Der Duden bezeichnet die niederrheinische Negation auch als bejahende Negation: ja stimmt, aber dann doch nicht!

Aber der Nörgler benutzt grammatikalisch ja noch viel schlimmere Sachen, z. B. die doppelte niederrheinische Verneinung:

„Das macht kein Mensch nicht!" oder „Ich sehe hier nirgendwo kein Haus!"

Mit der doppelten niederrheinischen Verneinung denunziert der Nörgler sein Gegenüber ins Tiefste, vor allem, wenn er mal wieder recht hatte: Ich sehe hier nirgendwo kein Haus, heißt also übersetzt: „Ich habe dir vor einer halben Stunde schon gesagt, dass wir in die falsche Richtung gefahren sind, hier kommt nur noch Pampas und schon gar nicht unser Ferienhaus, aber du glaubst mir ja sowieso nie!" Das ist mehr als eine Verneinung, das ist eine doppelte Kränkung!

Extrem-Querulanten haben sogar die dreifache niederrheinische Verneinung drauf: „Hat keiner keine gescheitere Idee nicht parat?" Da wird dir dreifach gesagt, wat für ein Brett du vorm Kopp hast! Unsere 'Omma Niederrhein' war noch schlimmer, sie kam mit der vierfachen Verneinung um die Ecke: „Bei mir hat noch niemand, niemals nie, keinen Hunger nicht leiden müssen!" Die Niederrheiner sind Weltmeister in der Konjugation von Verben und ganzen Sätzen, nur um zu beweisen, wie recht sie doch haben! Der Nörgler ist von seiner Persönlichkeit her extrem von sich überzeugt, erst neulich hatte ich eine Patientin mit dieser Ausprägung, die ein Paar-Gespräch mit ihrem Mann bei uns in der Klinik führen wollte: „Ich würde gerne ein Paar-Gespräch bei Ihnen führen, damit mein Mann therapeutisches Handwerkszeug bekommt, wie er besser mit meinen Aggressionen umgehen kann!" Das muss man sich mal vorstellen! Ich wollte schon sagen: „Hier ist ein Hammer, damit kann er Ihnen auf den Kopf schlagen!" So Köppe kommen aber auch nicht aus ihrer Nörglerhaut raus, wenn es etwas zum Besserwissen gibt, dann sind sie zur Stelle und fahren ihr Programm ab! Das liegt dem Nörgler im Blut, weil sie es schon früh so gelernt haben, alles akribisch zu überprüfen und es als Kind schon besser wussten. Sie sind das geworden, was sie früher schon waren. Solche Typen sind nicht selten kompliziert, sondern oft eine menschliche Herausforderung! Schlimm wird es besonders dann, wenn mehrere Klugscheißer aufeinandertreffen, wie neulich bei uns beim Friseur in Oestrum. So Leute sitzen im Wartebereich und verbringen die Zeit mit streiten! Ich war gerade dran und habe das ganze Spielchen abseits beobachtet. Es ging darum, ob nun Friseurin oder Friseuse gesagt wird, weil irgendeiner am Telefon gerade gesagt hatte: „Du

Schatz, ich komme später, ich bin eben noch bei der Friseuse!" Und dann ging dat los:

Der Micki Krause singt doch auch Friseuse.

Aber dat ist doch grammatikalisch falsch.

Und politisch erst. Politisch erst!

Deshalb heißt dat Friseurin.

Meine Tochter macht doch auch Friseurin.

Aber in Moers, da gibt es nur Coiffeurin.

Der Duden sagt Coiffeur.

Eindeutig.

Und wat der Duden sagt, ist Wahrheit.

Aber wat is, wenn er zwei Friseusen eingestellt hat?

Heißt dat dann Coiffeusen?

Oder gar Coiffeurinnen?

Das ist immer noch nicht politisch korrekt mit der Friseuse.

Also dann besser Coiffeuse.

Aber der Duden!

In veritas Duden!

Man sagt ja auch nicht Häsin zum Hasen.

Oder Füchsin, sondern Fähe!

Dat is alles nicht politisch korrekt.

Die Ausbildung heißt ja auch „zum Friseur".

Da gibt et gar keine Frauen!

Aber dat sagt man doch gar nicht mehr.

Dat is ein Modeausdruck, Coiffeur!

Ich sag immer nur Friseur, auch zur Andrea!

Ich vermeide deshalb jegliche Berufsbezeichnung und sag einfach nur „Du"

Aber der Duden!

Die Wahrheit, man beachte die Wahrheit!

Aber endlich wurde dann doch Einigkeit erzielt: Friseurin oder Friseuse sind weder richtig oder falsch.

Da stand ich auf und lief telefonierend an ihnen vorbei: „Schatz, ich komme später, ich war noch bei der Hairstylistin!"

Aber ernsthaft, so Leute finden auch immer ein Haar in der Suppe oder man kann sagen, das Wörtchen 'aber' taucht in jedem zweiten Satz auf! Neulich war ich auf dem Kinder-Trödelmarkt meiner Tochter in Trompet, das ist ein kleines Dörfchen neben Oestrum, wobei das auch ein anderes kleines Dörfchen ist, aber ich möchte Sie nicht mit mir belasten, das mit der Ortskunde schweift sonst aus! Es standen dort zwei fortgeschrittene Muttis vor dem Eingang neben dem Kaffeestand, also fortgeschritten nicht im Sinne von fortschrittlich, eher fort geschritten, also erfahren, und sie unterhielten sich. Ich stand dort mit meiner Tochter und aß eine Waffel. „Also der Trödelmarkt ist ja wie jedes Jahr wieder toll! Einfach toll! Diese super Organisation, die klasse Raumaufteilung, breites Angebot und tolle Helfer! Wirklich toll! Aber …" Und da ist wieder diese berühmte niederrheinische Negation: bejahend verneinen! Der Trödelmarkt ist toll, aber dann auch wieder nicht: „Aber der Kaffee hier! Also dieser Kaffee … Da fällt einem nix zu ein!" Und so laut gesprochen, dass es auch alle mitbekommen, vor allem die Mitarbeiter am Kaffeestand, die dort neun Stunden freiwillig hinterm Stand stehen und den Kaffee brühen. „Also dieser Kaffee hier, dat ist der schlechteste Kaffee von ganz Trompet, also wirklich! Hundsmiserabel! Aber so wat von! Ansonsten ist ja alles tipptopp, muss man sagen, aber der Kaffee hier, ich möchte nicht sagen unter aller Sau, aber et is Plörre. Schade! Wirklich, sehr schade! Sehr, sehr schade! Dat zieht diese tolle Veranstaltung so ein bisscken runter, wie Arsch und Friedrich, dat passt nicht zusammen! Und jedes Jahr ist der Kaffee so schlecht, da kann ich jedes Jahr kommen und er ist wieder unter aller Kanone. Dat muss man vielleicht mal den Verantwortlichen sagen, dat zieht ja dat ganze Niveau hier total runter. Schade ist das. Dabei ist dat doch der tollste Trödelmarkt vom Niederrhein, nicht wahr, aber der Kaffee! Und ich habe letztes Jahr noch gesagt: super Organisation, die klasse Raumaufteilung, breites Angebot und tolle Helfer! Wirklich toll! Aber dieser Kaffee! Ich dachte wirklich, die hätten mal was daran getan, wo ich das doch schon letztes Jahr gesagt habe mit dem Kaffee! So einen guten Trödelmarkt wie hier, hasse selten am Niederrhein, dat ist ja dat, wat so schade ist, weil der Kaffee zieht ja alles runter. Dat war schon vor zwei Jahren der schlechteste Kaffee von ganz Trompet, wenn nicht sogar der schlechteste Trödelmarkt-Kaffee vom ganzen Niederrhein. Wirklich wahr! Isso! Und ich hab et letztes Jahr schon so deutlich gesagt! Ich war im März in Rheinberg, da war der Trödelmarkt nur halb so gut wie hier, aber der Kaffee, der war einfach besser! Schade! Wirklich schade. Sehr, sehr schade. Da hätte man ja was tun können, weil ich dat ja schon letztes Jahr gesagt habe, nicht wahr, Marianne?" „Ja nee, Bärbel, da hasse recht!" Da sag ich in die Runde rein, weil ich es mir nicht verkneifen konnte: „Tja, wenn der Nörgler nichts zu tun hat, dann streitet er sich eben zum zweiten Mal um des Kaisers Bart!" Schade, sag ich da nur, dass sich manche Leute immer über irgendetwas aufregen müssen. Sehr schade, aber diese Besserwisser kommen einfach nicht aus ihrer Haut raus. „Du musst lernen, dich nicht über den Typen aufzuregen!", sag ich da immer, ändern kannst du den ja nicht. Das ist leicht gesagt, ich weiß. So Leute sind ja auch noch unheimlich dickköpfig beim Recht-haben, nicht wahr! Wenn du richtig Pech hast, dann besteht deine Festtafel nur aus nörgelnden Narzissten, die sich selbst an Weihnachten streiten und gegenseitig anstacheln.

Ich rege mich ja eher selten auf, da bin ich gar nicht der Typ für, der sich permanent aufregt, obwohl, kennen Sie diese kleinen braunen Milchbüchsen, wo son Sandkorn Milch beim Öffnen unters Auge springt oder so an der Schläfe vorbei ins Haar spritzt und du gar nicht richtig mitkriegst, dat du da Konservenmilch am Kopp hast. Die Leute denken doch wer weiß wie wat! Also wer erfindet so alltagsunpraktische Büchsen? Diese Milchdöschen sind doch alles andere als funktional oder alltagstauglich, mal ehrlich, dat regt mich so wat von auf! Der Typ muss doch en Schuss haben oder trinkt seinen Kaffee schwarz, nicht wahr, aber so richtig aufregen tue ich mich eigentlich selten. Nee, da bin ich nicht der Typ für! Ist Ihnen auch so heiß gerade? Nee, also aufregen, dat is selten, aber bei so wat kann man schon mal aus der Haut fahren, nicht wahr, wütend macht einen das! Da verliere ich jegliche Contenance, aber so wat auch! Aber das ist wirklich selten, muss ich sagen. Ich habe das mal morgens in Moers im Hotel Van der Falk mit einer Stoppuhr genau gemessen, wie schnell dat mit der Milch geht. Da hat die Friedel Keller diese Milchbüchse geöffnet und zuerst spritzte dieses ganz kleine, Stecknadel große Milchkorn nach oben ins Gesicht, direkt unter das Auge und nur eine Millisekunde später schwappte der andere Teil Kondensmilch vorn über diesen braunen Schnabel weg, diesen braunen Entenschnabel, den kennen Sie doch? Dieser Entenschnabel regt mich ja fundamental auf! Echt wahr!

Vorne an den Tüten diese Schnäbel, diese Unverschämtheit von Erfindung, wo die Milch verleitet wird, nach rechts und links vorbeizulaufen, aber nie da, wo sie eigentlich hin soll, nämlich in die Tasse! Dabei stell ich mir die Frage, wie kann so ein bisschen Milch nicht in diese große Tasse kommen? Die Milch hat nach dem Öffnen des Döschens nur 1,25 Sekunden gebraucht, um über diesen Entenschnabel auf Friedels Bluse und Ärmel zu landen. Und die Friedel Keller ist ja ne Feine, nicht wahr, das kommt noch hinzu, diese Döschen machen ja auch vor altem ostpreußischen Hochadel nicht halt! Sie müssen wissen, die Friedel ist zweiundachtzig Jahre alt und damals im Zweiten Weltkrieg von Königsberg nach Hamburg geflohen, ihr Hof in Mecklenburg wurde enteignet und sie ist immer noch so ein bisscken adelig geblieben, das kann man getrost so sagen. Die Friedel ist immer akkurat, immer tipptopp angezogen, selbst wenn sie krank ist und zu Hause alleine liegt, immer vom Feinsten angezogen, immer fein, immer fein, nur vom Feinsten. Das liegt an der Sozialisation, nicht wahr, ihr hat man das so beigebracht, immer fein zu sein. Die Friedel trägt auch immer eine große, braune Bernstein-Brosche an der Bluse, das trug man ja damals in Ostpreußen, nicht wahr, da war überhaupt alles aus Bernstein, ob Ohrringe, Kettenanhänger, Briefbeschwerer oder braune Broschen, alles aus Bernstein. Aber fein ist diese Brosche und so braun, sooo braun. Psychologen nennen das ja den Bernstein-Zwangs-Komplex. Ja, immer fein, immer fein und Bernstein-Brosche. Und 1,25 Sekunden braucht die Milch, nicht wahr, ich habe es bei der Friedel im Van der Falk live mit gestoppt. Ich kann mich bei so wat schon echauffieren, obwohl ich sonst nicht der Typ dafür bin. Über die Welt-Politik und so, da rege ich mich eher selten drüber auf, mir ist auch egal, wo sich diese Terroristen alle in die Luft sprengen, wer jetzt warum auch immer amerikanischer Präsident wird, dat tangiert mich alles peripher, aber diese Milchdöschen, liebe Querdenker, da könnte ich aus der Haut fahren! Also metaphorisch gesehen. Aber so wat von! Ich atme mal eben in den Bauch rein … Jetzt geht et besser. Nee, ich rege mich also selten auf, dat ist auch nicht meine Art, aber kennen Sie in Restaurants diese Toilettenschilder, diese Pfeile, hier, mit den kleinen Männchen für Weiblein und Männlein? In Hotels leuchten diese Schilder sogar. Nee also, dat recht mich auch auf, wenn ich mit ner vollen Blasen diesem Pfeil nachrenne! Ich war neulich in Kevelaer im Diebels Brauhaus, da laufe ich zwei Treppen in die Katakomben runter, um drei Ecken und zwei Stufen und durch vier Türen durch, bis man geduckt am Pissoir steht. So wat kann doch nicht gesund sein, mal ehrlich, gesund ist wat anderes! Der ganze Weg mit halbem Brauhaus in der Blase und unter emotionalem Stress! Also nicht dat ich mich aufrege, aber dat kann doch nicht gesund sein! Diese Pfeile! Also sowat! Da kommst du um die Ecke und denkst, jetzt kannst du endlich loslegen, da taucht auf einmal aus dem Nichts, aus dem Dunkeln, aus dem Nebel der Rheinwiese der nächste Pfeil auf, aber er zeigt urplötzlich nach rechts in die ganz andere Richtung! Ja, wat soll dat denn auf einmal? Wat soll dat? Ich könnte mich bei so wat aufregen, aber da bin ich ja eigentlich gar nicht der Typ für! Nein! Nein! Am Weihnachtsbraten sitzen dann noch gerne diese niederrheinischen Quasselstrippen. Kennen Sie diese Klientel, die nicht in Sätzen,

sondern in ganzen Geschichten und Anekdoten kommunizieren? Also wenn Sie es eilig haben, dann sollten Sie dieser Person auf keinen Fall über den Weg laufen, sie drängt dich mit ihrer Art an die Wand, wie die Kobra, die ihre Beute erstarren lässt, und sie erzählt Ihnen dreist alles, was ihr einfach so in den Sinn kommt. Diesen Typen erkennen Sie an sogenannten Satzbindungen, wie „Unähhh". Eine Geschichte ist eigentlich schon vorbei, aber der Typ überlegt jetzt, was er als Nächstes erzählen soll, und füllt die aufkommende Leere mit „unähhh"! An dem Punkt ducken und verschwinden! Einfach zu merken: Bei „Unähhh", dann wegducken und verschwinden! So Leute verlieren ja ständig auch den eigenen inhaltlichen Faden: „Wo is denn jetzt mein roter Faden wieder hin", sacht er dann ständig zu sich selbst. „Wo is er denn hin? Der rote Faden! Hat den jemand zufällig gesehen?". Ein Beispiel:
„Ich trinke kaum Alkohol, wenn nur in Gesellschaft und eigentlich nur spät abends, wenn ich mal trinke, seltener früh morgens, aber wenn sie jetzt die Flasche öffnen, gut, dann trinke ich einen mit!" Wo ist da der Sinn versteckt? Trinkt er jetzt,

oder nicht, oder doch oder vielleicht? Mal ehrlich! Sinnlos! Kein roter Faden! Inhaltliche Leere! Liebe Querdenker, Sie müssen diesen Typ mal im Restaurant erleben: Beim Griechen neulich in Bergheim lief der Manni Menzel Richtung Klo bei uns am Tisch vorbei: Da dreht sich die Gudrun Herberts, ihres Zeichens Quasselstrippe, zu mir um und flüstert: „Dat war der Manni. Schwul. Hat seine zwei Kinder und seine Frau für einen Stewart von Air Berlin sitzen lassen! Kennengelernt auf dem Flug Weeze-Mallorca, um es neumodern in Worten von Parship.de auszudrücken: Saftstupse traf Maschinenbauingenieur."

Dat is ne Randinformation. Der Manni läuft nur am Tisch vorbei und du erfährst von der niederrheinischen Quasselstrippe seine ganze Lebensgeschichte als 2-Minuten-Randinformation. So am Rande des Tisches! Wenn der dat wüsste! Aber der weiß ja von nix, der geht ja nur pinkeln.

Wenn man am nächsten Tag dann seine Strichliste betrachtet, können Sie entscheiden, über wen Sie sich am meisten aufgeregt haben: Über den Nörgler, über die Quasselstrippe, den Fassaden-kletterer, der immer gut drauf ist,

133

immer lacht und jede peinliche Stille mit einem Witz füllt, um die Stimmung zu retten! Bei dem weiß man auch nicht, woran man ist, da steckst Du ja nicht drin, in dem Kopp! Der Typ ist immer nur gut drauf, egal wat kommt, und bei dem wundert man sich dann: „Wie? Der Klaus hat Malesse mit Depression? Er ist doch immer gut drauf, egal wo, wann, wie, immer gut drauf! Wie kann dat denn, mit der Depression? Gibts doch gar nicht, der Klaus doch nicht!" Oder Sie regen sich über den Schweiger auf, der an dem Abend nur wat gesagt hat, um nächstes Jahr zu Weihnachten wieder eingeladen zu werden, aber den ganzen Wein gesoffen hat. Vollkommen egal, Hauptsache, Sie haben sich an Weihnachten wieder so richtig aufgeregt! Isso!

Fragt mich doch, wenn ihr es richtig machen wollt! Der Nörgler weiß es besser!

Finden Sie den Schuldigen, wenn etwas schief läuft!

Weihnachten ist das Fest der Liebe? Nein! Wenn der Braten zu lange im Ofen war, der Zimt für den Stern verschwunden ist, die Kerze das Häkeldeckchen in Flammen setzt, dann muss es einen geben, der daran Schuld ist! Warum steht der Weihnachtsbaum schief, wer hat den Rotwein auf den Teppich gekleckert, wer hat die neuen Weihnachtskugeln weggeräumt, hast du die Ostereier statt der Kugeln aufgehängt, war der Hund etwa in der Küche und hat die Keule gefressen, wer hat die Reibe verlegt, lagen die guten Servietten nicht in der Schublade, hast du das Kleid nicht aus der Reinigung geholt, wer hat das Geschenkpapier verbraucht, „Hättest Du mir nicht sagen können, dass Du Elli auch ein Handy schenkst!", wer sollte eigentlich den Wein besorgen, wer hat Oppa Gustav dermaßen abgefüllt? Dann gibt es nur eines: Wir brauchen einen sprichwörtlichen Judas, einen Verräter oder Schuldigen, einen, den wir für den ganzen Kladderadatsch zur Rechenschaft ziehen können!

An Weihnachten hört der Spaß auf, Schluss mit lustig und Harmonie und so ein Kram! Einer ist Schuld und, wenn es wieder der Mond ist. „Der Mond ist abnehmend, da kann man grundsätzlich nicht schlafen, aber dat liegt nicht an der Flasche Grappa, die ich eben gesoffen habe!" Die Schuldfrage ist aber auch psychologisch ganz wichtig zu stellen, denn wenn es einen gibt, den man etwas in die Schuhe schieben kann, dann wird die Harmonie leichter hergestellt, zwar nicht für denjenigen, der sich als Opfer zur Verfügung stellt, aber für die drumherum! Das ist ja meistens so, wenn ein anderer Schuld hat, geht es einem selbst besser, kurios, aber deshalb sollte Weihnachten auch immer jemand in den sauren Apfel beißen, sich in etwas hereinreiten, während die andere sich die Hände in Unschuld waschen. Das hat ja auch etwas biblisch nahes, das mit der Frage der Schuld und Unschuld an dem Tode von Jesus, dessen Geburt wir ja immerhin an Weihnachten feiern. Den Freiwilligen kann man sich ja vorher aussuchen, obwohl er dann kein Freiwilliger mehr ist, aber man kann ihn ja trotzdem bei diversen Pannen dann Wort kräftig beschuldigen, solange, bis er sich seiner Rolle

fügt. Der Niederrheiner hat grundsätzlich immer gerne einen Schuldigen parat, selbst wenn vollkommen klar ist, dass die Misere an ihm selbst liegt, zieht er immer noch einen aus der Tasche, der noch viel mehr Schuld an irgendwas hat. Der Mensch muss gar nix mit dem eigentlichen Problem zu tun haben, Hauptsache der Typ hat noch viel mehr Bockmist gebaut, als er, dann geht et ihm persönlich besser und das ist die Hauptsache. Ich war neulich oben im Norden in Carolinensiel, da flog ein Pärchen mit einem Heißluftballon ziemlich tief über den Deich weg. Die Leute hatten scheinbar völlig die Orientierung verloren und riefen aus dem Heißluftballon heraus: „Entschuldigung, können Sie mir sagen, wo wir gerade genau sind? Wir wollten eigentlich schon längst beim Ballontreffen in Emden sein." Ein Mann mit Hund lief vor mir und antwortete etwas klug scheißend, passiv-aggressiv:
„Ja, Sie schweben mit einem Heißluftballon ca. 20 m über diesem Deich, etwa 40 Grad nördlicher Breite und 60 Grad westlicher Länge."
Da sagte er im Heißluftballon: „Sie müssen bestimmt Ingenieur oder

sowat sein!" „Stimmt, woher wissen Sie das?"

„Na ja, alles was Sie mir gesagt haben, ist aus technischer Sicht vollkommen richtig, aber kein Mensch kann damit wirklich etwas anfangen und es löst auch schon gar nicht mein Problem, ich bin immer noch da, wo ich eigentlich nie hin wollte!" Ich rief daraufhin zum Ballon hoch: „Und Sie müssen vom Niederrhein sein!"

„Ja stimmt, wir kommen aus Kevelaer, aber wie kommen Sie darauf?", fragte er mich.

„Sie wissen weder wo Sie sind, noch wo Sie hin wollen, sind vollkommen ab vom Schuss gekommen, haben sich selber in den Schlamassel gebracht, wissen definitiv nicht weiter und bitten jemanden um Hilfe, nur um dem armen Mann im selben Moment die Schuld an allem zu geben. Sie können nur vom Niederrhein sein! Isso!" Aber ernsthaft, liebe Querdenker, die Frage der Schuld wird ja schon in der Bibel nicht richtig geklärt. Man weiß ja auch nicht immer, warum etwas so geworden ist, wie es geworden ist, aber irgendwat oder jemand muss doch Schuld haben, dat geht doch gar nicht anders! Das ist die Logik der Menschen, er muss immer eine Erklärung haben, alles muss erfasst, zerdacht werden und verstanden sein. Wo die Erklärung endet, da fängt dann der Aberglaube an, ist ja so! Etwas, was nicht erklärt werden kann, wird abgewertet, ignoriert, das ist dann Aberglaube oder sogar krank. Aber was kommt dabei raus: Einer ist dann immer schuld an etwas, was man sich selber nicht erklären kann. Das ist ja einfacher so und das schöne ist: Wir können uns den Schuldigen ja selber aussuchen! Das ist doch großartig! Uli Hoeneß, zum Beispiel, ist laut dem Bundesfinanzministerium einer von jährlich 90.000 Steuersündern, die pro Jahr rund 60 Milliarden Euro hinterziehen. Aber mir ist das egal, ich finde den Mann gut.

Mir ist egal, dass Krankenhäuser oder Altenheime wegen fehlender Steuern zu wenig Personal haben, Schulen keine Sporthalle oder die Rentner zu wenig Kohle einstecken, nachdem sie 45 Jahre gearbeitet haben. Mir doch egal, der Hoeneß ist doch ne Type, den braucht man, wegen des Typen geht man doch ins Stadion, dat ist ein echter Bayer! Da guck ich drüber hinweg, wegen der paar Millionen. Nee also, da sind mir die Flüchtlinge, Asylanten oder Romas lieber, wenn ich den Schuldigen meiner eigenen gesellschaftlichen Unzufriedenheit suche. Isso! Die Asylanten sind ja da, also greifbar, aber meinen Eltern kann ich jetzt doch nicht einfach sagen, das Sie mich mit ihrem übergriffigen Verhalten und Erwartungshaltungen total kaputt gemacht haben oder Sie mir das Gegenteil von Liebe geschenkt haben. Und so Romas sprechen ja auch nicht mit einem und überhaupt sind sie ja auch ganz anders als ich. Also ich finde, so komische Leute sind wirklich Schuld an meiner Unzufriedenheit, und weil sie uns letztendlich auch zusätzlich viel Geld kosten. Gut, der Staat gibt nur 9 Milliarden für Flüchtlinge aus, das sind Peanuts im Verhältnis zu 60 Milliarden Euro hinterzogenen Steuern, aber der Hoeneß, dieser Mensch ist mir einfach sympathischer als so ein Sinti, muss ich hier mal ganz ehrlich sagen. Auch die ganzen Großverdiener, Manager und Politiker, die sich für ihr wohlverdientes Geld geradezu abschuften, die sind mir einfach sympathischer. So Leute können doch nichts für unser soziales Ungleichgewicht und meine persönliche Unzufriedenheit. Auch die lieben Firmen und Unternehmen, die uns

Mitarbeiter zwar von oben herab drangsalieren, ausbeuten, unter Druck setzen, dem Schwächeren eins drauf hauen, rationalisieren und einstampfen, wie es Ihnen passt, obwohl sie Millionen Gewinn machen, so Strukturen und Leute können doch nix für meine persönliche Unzufriedenheit! Ich beiße doch nicht die Hand, die mich füttert. Das tue ich doch nicht. Nein. Nein. Ich muss das mal an dieser Stelle sagen dürfen! Wenn ich den Schuldigen suche, dann sind mir so Asylanten, die ich ja gar nicht kenne, schon viel sympathischer. Mal ehrlich! Hand aufs Herz! Ist doch so! Jetzt geht es mir auch schon viel besser, wo ich weiß, wer wirklich Schuld ist an meiner Unzufriedenheit! Isso! Das macht ein reines Gewissen, jetzt, wo der schwarze Peter woanders ist. Ich weiß jetzt endlich, wo die Leiche im Keller vergraben ist. Sie können das vielleicht auch mal versuchen und sprechen es einfach mal laut aus: „Die Flüchtlinge, Ausländer und Asylanten sind Schuld an meiner persönlichen Unzufriedenheit!" Einfach mal laut aussprechen, dat tut gut! Das heilt! Dat versöhnt, dat stellt Harmonie her, gerade an so einem unzufriedenen Stammtisch, so zwischen Brezeln, Frikadellen, Erdnüssen, Flips, Bier, Krefelder, Alster, Rotwein, Weißwein, Rose, Sekt, Weinbrand, Grappa, Ouzo, Korn, Ramazzotti und Unzufriedenheit. Da geht s einem plötzlich besser, wo es einem doch so schlecht geht, man hat ja heutzutage selber gar nix mehr und denen steckt man alles in den Arsch. Ich habe ja auch vor lauter Köstlichkeiten lange Zeit kein Land mehr sehen können. Ich glaube, da war meine Sicht auf die Ausländer und den Schuldigen vor lauter Flaschen und Frikadellen schlicht weg behindert. Aber jetzt geht es mir besser, seitdem ich weiß, wo der Hase begraben liegt. Aber der Hoeneß. Nee. Dat muss er sich nicht ans Bein binden, dat mit meiner Unzufriedenheit.

Die Schuldfrage finden wir auch immer wieder in der Erziehung, da muss ja auch alles erklärt sein, jede kindliche Macke muss gedeutet und ausgemerzt werden. „Wo kommt dieses Verhalten bitte schön her?", fragen sich die besorgten Eltern. Einfach nur Kind sein und Mist bauen dürfen, geht ja gar nicht mehr! Dat geht ja gar nicht mehr! „Warum ist das Kind immer so frech? Wo kommt dat her? Also von mir nicht!" „Vielleicht, weil ihr beide täglich

14 Stunden arbeitet und das Kind sich seine Aufmerksamkeit jetzt auf diese Weise holt?"

„Stimmt, daran liegt et wohl! Die Arbeit ist schuld, du hast recht! Jetzt geht mir auch schon viel besser!" Und sehen Sie es? Sobald es einen Schuldigen gibt, geht es einem direkt besser! Die Arbeit ist schuld! Vielleicht sagen Sie sich das auch noch mal laut vor: „Die Arbeit ist Schuld!" Das löst die Verspannung im Nacken, da vergeht einem direkt das Sodbrennen oder der unruhige Magen, die Kopfschmerzen sind auf einmal weg, alles wie weggeblasen, nur weil wir endlich einen Schuldigen gefunden haben! „Die Arbeit ist Schuld an meiner Unzufriedenheit und jetzt weiß ich auch, warum meine Kinder so Scheiße sind! Ich dachte schon et läge an mir."

In unserer Gesellschaft treten ja immer häufiger sogenannte Gesellschaftserkrankungen auf, z.B. Burnout, ADS oder ADHS bei Kindern, wie auch später bei Erwachsenen. Besonders beliebt und gerne von Kinderärzten diagnostiziert: die Hyperaktivität. Kinder sind dann zu aktiv, sie machen Lärm, halten sich nicht an Regeln, schlagen um sich, tun den anderen Kindern weh, machen

Sachen kaputt und sind nervig. So Kinder sind bei uns am Niederrhein gerne auch „kleiner Rocker" genannt. Man kennt das ja vielleicht, wenn Leutchen, wie Oma Hübner am Supermarktregal zwischen Gemüsesuppe und Quark, von ihrem Enkel schwärmen:

„Ja der Martin, datt is schon son ne kleine Rocker! Der Kleine setzt sich durch, dat sach ich Ihnen. Wenn der Junge den Ball haben will, dann holt er sich auch datt Ding. Aber wie der Bud Spencer aus den Boxerei-Filmen, kennen Sie doch, wo der Spencer von oben mit nem Schwinger dem Fiesling mit der Faust auf den Kopp hämmert und der Bösewicht durch den Holzboden durch, direkt in den Keller durch schießt. Der Typ landet dann immer auf einen Kohleberg in der untersten Etage. Ja, in so einer italienischen Fischer Kneipe ist ja auch alles aus Holz, weil die Fischer da drüben haben ja auch kein Geld. Von den paar Fischen kann so ein armes Schwein ja kaum leben! Die Meere sind heutzutage aber auch alle überfischt. Hier, mit de ganze, wie heißen die Dinger, mit de, Dingenskirchen, hier Fischtrawlers. Wie soll da son en kleiner Piscator da mit seinem Kutter überleben? Dat geht gar nicht! Da hat ja auch dieser Berlusconi seine Fingerchen im Spiel. Mafia. Allet Mafiosi, diese Italiener. Alles von einem Schlag, da kann mir keiner wat anderes erzählen. Allet Verbrecher da drüben, die Politikone. Da kann der gemeine Pizzabäcker von um de Ecke ja nix für, hier der Nino, Luca, Simone oder Alessandro und wie die Köppe alle heißen. Ich esse ja auch gerne Pizza. Hier die Margarita oder is dat jetzt ein Getränk. Kann auch sein, datt dat beides so heißt! Da blickt man ja gar nicht mehr durch, bei dem ganzen ausländischen Buden hier. Die machen die ganze Infrastruktur kaputt, nicht Internet und Amazon, nein, dat is ein Irrglaube. Dat sind die ganzen Piscators, die hier ihre Buden aufmachen, die machen die ganzen deutschen Läden kaputt, dat sag ich Ihnen. Is ja jetzt egal, so viel Zeit werden Sie ja auch gar nicht haben, aber um noch mal eben kurz auf den Martin sprechen zu kommen, der holt sich den Ball, sach ich Ihnen. Der knallt dem andern Bengel dann von oben auf den Kopp, dat der den Ball direkt loslässt. Ja, der Martin. Ich möchte dat nicht jetzt befürworten. Gewalt is ja grundsätzlich falsch, aber der Jung setzt sich eben durch. Dat is schon

son ne kleiner Rocker, mein Martin!"
Die italienische Margherita wird
übrigens mit „h" geschrieben, falls
sie vorhatten eine Suchmaschine zu
befragen, ich wollte nur der
niederrheinischen Aussprache gerecht
werden. Kindern diesen Formates wird
dann gerne die sogenannte „Psychisch
funktionelle Therapie" im Rahmen der
Ergotherapie verordnet. Die kleinen
Rocker und Rockerinnen sollen dann
strukturiert werden, Regeln lernen,
Rollenverhalten ausbilden und durch
klettern, spielen, spüren, die
fehlende Entwicklungsschritte nach-
holen. Das ist auch gut, denn
schulische Probleme, fehlende
Aktivität, sowie mangelnde soziale
Kontakte werden dadurch aus-
geglichen, wobei die Wurzel des
Übels zumeist nicht behandelt wird:
die Eltern. Die Eltern erlauben das
PlayStation zocken, statt Bolzplatz
oder Spielplatz Erfahrungen zu
forcieren. Kinder sind halt nicht
nervig, wenn sie zocken oder wenn
man nicht auf sie aufpassen muss.
Auch die Überbehütung führt zu
Erfahrungsmangel und Entwicklungs-
rückschritt. Viele Eltern drücken
ihren Kindern schon früh
Gedächtnisspiele und sonstige
Hirnleistungsübungen aufs Auge, was
im Übrigen genauso kindgerechte

Erfahrungen einschränkt, wie Reizarmut über PlayStation zocken. Zu viel Lernen, weniger toben, führt eben auch nicht zum Musterschüler. Ich erinnere mich da an einen kleinen Patienten, den ich im Rahmen meines pädiatrischen Praktikums in einer Krefelder Praxis für Ergotherapie, kennenlernen durfte. Es handelte sich dabei um die kleine, aber ebenso quirlige, Chinesin Fang. Sie besuchte mit ihren sechs Jahren einen Montessori Kindergarten und Fang war nun mit einiger Verspätung bereit, um auf die Grundschule zu wechseln. Der Eindruck, den sie dabei bei den Erzieherinnen und Erziehern hinter-ließ, war allerdings alles andere als Grundschulreif. Es lag womöglich daran, dass sie der fünf jährigen Laura aus der Elefantengruppe, noch in der Krabbel röhre, mit einer Hartplastikschaufel eine Platzwunde über dem Auge verpasste oder weil ihr ständiges bewerfen der Gruppenleiter mit Sand, manchmal sogar mit Katzenkacke, einfach nur nervte.

Der Bogen wurde wahrlich überspannt, als die quirlige Fang, ihre psycho-sexuelle Latenzperiode im elter-lichen Hause auslebte. Die Eltern stammen aus gut bürgerlichem Hause, sind vor zwölf Jahren aus Südchina in das kleine Elfrath gezogen und wohnen nun in einer kleinen Vorstadt Villa, inklusive Blick auf den Elfrather See. Die Mutter „Bao", was so viel heißt wie, Schatz oder Juwel, ist eine zuverlässige Chefsekretärin in einer Düsseldorfer Anwaltskanzlei.

Der Vater „De", was übersetzt so viel heißt, wie Tugend oder Moral, arbeitet als Publizist und Korrespondent für eine lokale Zeitung westlich des Rheines. Fang, was übersetzt wohlduftend heißt und auch an sich, die Wahl des Namens „Fang", durch die Eltern wohl überlegt wurde, setzte die Mutter unter Schock, als diese nach ihrem Halbtags Job bei einem Anwalt für Arbeitsschutz, um halb drei nach Hause kam. Als Bao in der Diele des Eingangsbereiches am großmütterlich geerbten Barock Spiegels vorbei trat, der den aus modern-asiatisch gemixten Stil mit dem barock-englischen verband, erstarrte sie zutiefst. Auf dem Neunzig mal neunzig großen Spiegel prangte, ein mit Zahnpasta erstellter, zwar nur angedeutet, aber dennoch gut zu erkennender, versteifter Penis. Da nur Fang, die wohlduftende, im Hause war, rief der Juwel des Hauses sofort nach ihr, um sie nach dem steifen Penis zu befragen. Entgegen der Vorstellung, der ach so geradlinigen Bao, gestand Fang das Aufmalen des Zahnpasta-Penis und ging ohne sonderliche Gefühlsregung zurück in ihr Zimmer. Das darauf folgende Schrei-Gewitter, der aus der Fassung geratenen Bao, prallte an dem Kind wie chinesische Perlentropfen ab. Damit hatte Fang es geschafft, ihre Mutter zum ersten Mal seit 1998 wieder aus der Fassung zu bringen. Bao verlor zuletzt in ihrer Heimat Hain an die Fassung, als sie noch als Referendarin in einer Informatik Firma arbeitete, welche sich auf Werbung für soziale Netzwerke spezialisiert hatte. Sie wollte an diesem Tag, im Juni 1998, ihren Marketing-Manager erklären, dass die erstellten Werbe-Anzeigen im Netzwerk, tatsächlich auf die Suchhistorie des jeweiligen Users abgestimmt sind und dessen Bedarf automatisch erkennen. Fang öffnete deshalb zu Anschauungszecken den Account Profil ihres Mannes und prompt erschien eine Werbeanzeige von Billy Boy. Bao erlitt einen Kollaps und war, ungewöhnlich für Chinesen, den Rest des Tages krankgeschrieben.

Sie versuchte nun mithilfe der

freigesetzten Energie, welche durch den Schock verursacht wurde, die schicke Penis-Zeichnung mit Einsatz ihres Allzweck-Kling-Herdplatten-Spachtels zu entfernen. Bao stellte entsetzt fest, dass sich durch das Entfernen der Paste mit Spachtel, Kratzspuren in Form eines versteiften Penis, auf dem großmütterlich Barock Spiegel gebildet hatten. Im Endeffekt war der Kratz-Penis der Tropfen, der das innerliche Fass zum Überlaufen brachte und die Eltern zur Erkenntnis kamen, dass mit Fang irgendetwas nicht normal sei. Fang landete auf diese Weise bei mir in der Praxis, wobei sie als aller Erstes an mir hochkletterte, um mich zu fragen, warum ich denn so wenig Haare auf dem Kopf hätte. An diesem Beispiel wird deutlich, dass nicht alleine Kinder an einer Fehlentwicklungen Schuld tragen, durchaus auch Eltern und ohne dass sie es vielleicht selbst bemerken, ihren Kindern falsche Werte und Erwartungshaltungen vorleben. Falls Sie die Eltern von Fang allerdings normal finden und das beschriebene Verhalten bei Schmutz und Kratzern bei sich kennen, dann sollten Sie vielleicht doch mal genauer nachdenken, ob ihr Burnout oder die

Panikattacken nicht von ihrem
Perfektionismus stammen und nicht
Ihre Kinder daran Schuld sind!
Ich hatte neulich auf dem Bergheimer
Markt ein ganz kurioses Gespräch mit
Bernd Arnsdorf über Franz Hindemith,
der in puncto Erziehung eigentlich
alles wissen müsste! Er stellte
ebenfalls die Schuldfrage:
Dr. Franz Hindemith, Leiter der
örtlichen Schule für Sonderpädagogik
Möchte nicht länger Leiter der
örtlichen Schule für Sonderpädagogik
sein
Hätte Hindemith gesagt
So Bernd Arnsdorf wörtlich zu mir
auf dem Bergheimer Markt
Weil ihm sein ganzes Leben zu
pädagogisch geworden wäre
Und schon seine Kinder anfingen,
darunter zu leiden
Die Erziehung sei ihm über den Kopf
gewachsen und
Selbst alltägliche Dinge des Lebens
würden in kompetenz- zentrierten
oder ausdrucks- zentrierten
Methodiken zerbröselt
Und überhaupt sämtliches Handeln im
Alltag viel zu sehr analysiert
Hat Hindemith zu Arnsdorf gesagt
Wörtlich
Die gestalterischen Ausbrüche der
Kinder nahmen zunehmend
unkontrollierte Formen an

Was sich in Ausbrüchen von Fantasie
und der Wahrnehmung von ganz neuen
Erlebnisqualitäten und emotionalen
Feuerwerken widerspiegelte
Laut Arnsdorf nach Hindemith
Wörtlich
Hindemith habe bemerkt
So Arnsdorf zu mir auf dem
Bergheimer Markt
Dass er die Entwicklung von
Frustrationstoleranz
Verbesserung von Ausdauer und
Konzentration
Während des Spielverhaltens seiner
Kinder und der Sonderschüler
Nicht mehr unter Kontrolle habe
Geschweige denn beeinflussen könne
Nach Hindemith durch Arnsdorf
Zu mir
Wörtlich
Pädagogische Maßnahmen einer
Familienberaterin hätten keine
Wirkung gezeigt
So sei ihm zum Beispiel die
Herstellung einer einfachen
Marionette aus Pappmaché und
Nylonfäden
Zwecks simulieren eines
pädagogischen Konflikt-Rollenspieles
Völlig aus der Hand geglitten
Nach Hindemith laut Arnsdorf
Die Fertigung des Körpergerüstes und
des Spielkreuzes aus Holz
Unter konstruktiv gestalterischen

Aspekten
Habe demnach nicht zur Verbesserung
von Integrationsfähigkeit und
Konfliktbewältigung beigetragen
Oder der Kommunikation innerhalb der
Kinder gedient
So Arnsdorf nach Hindemith
Zu mir
Schlimmer noch
Das Marionetten machen sei zu einer
Völlig ziellosen Spielerei entartet
Das müsse man sich mal vorstellen
So Arnsdorf zu mir auf dem
Bergheimer Markt
Was Hindemith zu der Ansicht
gebracht habe
Sein Leben total umzustellen
Sagt Arnsdorf
Wörtlich
Er wolle das mit der Sonderpädagogik
jetzt komplett überdenken
Und mehr in Richtung Montessori
leben
Hindemith habe deshalb einen Job als
Fernfahrer angenommen
Um den Kindern mehr Freiheit zur
Entwicklung und Entfaltung
Ihrer natürlichen Kenntnisse und
Fähigkeiten zu gewährleisten
Außerdem habe sich Hindemith von
seiner Frau
Charlotte Hindemith, geborene
Küppers
Getrennt

Und sämtliche sonderpädagogischen
Möbel und Hilfsmittel
Inklusive seiner Frau
Aus der gemeinsamen Wohnung in
Moers-Hülsdonk
Entfernt
So Arnsdorf zu mir
Wörtlich
Nach Hindemith
Er wolle den Kindern eine ihnen
gemäße Umgebung bieten
Es ginge Hindemith in erster Linie
darum
Den Kindern die anthroposophische
Lebensweise
Also die Übertragung menschlicher
Eigenschaften
Auf Dinge oder Natur
Und die Steigerung des menschlichen
Bewusstseins
Über die geistige Welt an sich
Näher zu bringen
So Arnsdorf laut Hindemith
Wörtlich
Arnsdorf habe daraufhin nachgefragt
So Arnsdorf zu mir
Ob die Kinder durch die führerlose
Erziehung und das Entbehren der
Eltern
Auch gerade durch die Entfernung der
Mutter
Und das ständige Umherfahren des
Vaters
Nicht irgendwelche Schäden wie

Tendenzen zur Homosexualität oder
zügelloser Entwicklung von
Politischen Quergedanken oder
revolutionären Gedankenguts
Davon tragen würden
Dieses verneine Hindemith
Und wies auf die Ganzheitlichkeit
des Menschen hin
Der Mensch an sich neige dazu
Alles zu differenzieren wobei
Der Charakter eines Einzelnen
Vielmehr durch die verschiedensten
Faktoren gebildet und zu einem
Ganzen
Wachsen würde
Und man Kindern diesen Prozess der
Bildung des Charakters
Mit all seinen Auswüchsen und
Läuterungen
Zustehen müsse
So Arnsdorf laut Hindemith
Zu mir
Wörtlich
Hindemith selbst habe diesen Prozess
nie ausleben dürfen
Tatsächlich musste er einmal drei
Tage lang im Keller seines
Elternhauses
In Neukirchen-Vluyn verbringen
Versorgt mit Omas ungeliebten
Rhabarber-Pfannkuchen und warmer
Milch
Nur weil er beim Murmel knickern
Seiner damals neunjährigen

Nachbarstochter
Helga Verhoeven
Aus Versehen
Eine Murmel unter den Sommerrock
geknickt hatte
Sagt Arnsdorf laut Hindemith
Zu mir
Nach den neu gemachten Erfahrungen
Und Leben verändernden Maßnahmen
Wie das Entfernen der eigenen Frau
Und die Aufgabe der Stelle des
Schulleiters der örtlichen
Berufsschule für Sonderpädagogik
Und der Umschulung zum Fernfahrer
Wolle Hindemith diese Art
Selbstfindung
Inklusive der Möglichkeit des
straflosen Kniekerns mit
Nachbarstöchtern
Sowie das freie Entwickeln und
Verwickeln
Seinen eigenen Kindern mehr
zugestehen
Und bedingungslos fördern
So Arnsdorf zu mir
Wobei alles natürlich im Rahmen der
Montessorischen Zielsetzung
Und pädagogischen Modellansätzen
ablaufen solle
Frei nach dem Motto
Zielloses Knickern fördert das
Bewusstsein des Heranwachsenden
Und gibt unserer Gesellschaft eine
neue Richtung

Laut Arnsdorf über Hindemith
Zu mir
Wörtlich
Auf dem Bergheimer Markt
Das Besuchen einer diversen Waldorf
Schule in der örtlichen Nähe
Hielte Hindemith aber doch für
ziemlich übertrieben
Fügte Arnsdorf beim Gehen noch
salopp hinzu

Liebe Querdenker, denkt auch am Tag
der Liebe, an Heiligabend und an
Weihnachten daran, euch die
Schuldfrage zu stellen! Harmonie und
innerer Frieden lässt sich nicht
herstellen, indem wir friedlich
miteinander leben, uns austauschen,
teilen oder gar Hände reichen, nein,
Harmonie in der Welt und den vier
Wänden kann es nur geben, wenn es
einen Schuldigen gibt! In diesem
Sinne: Ich wünsche Euch, liebe
Querdenker, Frieden auf Erden, ein
besinnliches Weihnachtsfest und das
ihr selbst nie der Schuldige sein
müsst:

Frieden

Wenn unsere Kinder
Von Schokobananen und Kirmes-
Abenteuern träumen
Dann kann man sagen
Das ist Frieden

Wenn Menschen jeder Hautfarbe
Die Grenzen aller Länder
überschreiten
Könnte ich zustimmend nicken
Das ist Frieden

Wenn wir mit unseren Händen
Die Narben des Krieges beseitigen
Und in zerstörten Ruinen bunte
Blumen mit Honiggeruch pflanzen
Dann stimme ich zu
Das ist Frieden

Wenn wir unsere Wut
Durch Weitblick und Hoffnung
ersetzen
Dann fühle ich es
Das ist Frieden

Wenn in den Waffenfabriken
Statt Schießpulver nur Kakao
produziert wird
Und in den Schneidereien statt
Uniformen nur Clown-Kostüme
geschneidert werden
Dann glaube ich
Das ist Frieden

Wenn in Gewehren von Soldaten
Mais puffer statt Patronen
verschossen werden
Dann gibt es nicht s zu rütteln
Dann ist das Frieden

Wenn in den Nachrichten
Kleine Nachtgeschichten vorgetragen
werden
Dann gibt es keinen Zweifel mehr
Dann ist das Frieden

Denn Frieden heißt
Leben statt Sterben
Achten statt verachten
Geben statt nehmen
Hoffen statt verzweifeln
Lieben statt schießen
Nein sagen statt mitzumarschieren
Und verzeihen statt Schuldige zu
suchen!

Wenn unsere Kinder
Von Schokobananen und Kirmes-
Abenteuern träumen
Wenn Menschen jeder Hautfarbe
Die Grenzen aller Länder
überschreiten
Wenn wir mit unseren Händen
Die Narben des Krieges beseitigen
Und in zerstörten Ruinen bunte
Blumen mit Honiggeruch pflanzen
Wenn wir unsere Wut
Durch Weitblick und Hoffnung
ersetzen
Wenn in den Waffenfabriken
Statt Schießpulver nur Kakao
produziert wird
Und in den Schneidereien statt
Uniformen nur Clowns-Kostüme
geschneidert werden
Wenn in Gewehren von Soldaten
Mais puffer statt Patronen
verschossen werden
Wenn in den Nachrichten
Kleine Nachtgeschichten vorgetragen
werden

Und es keinen mehr gibt
Den wir zum Schuldigen machen
Dann ist das Frieden
Und dann haben wir
Unseren eigenen Frieden
Selbst gefunden!

In diesem Sinne, Tschüs. Euer Steffen!

Was bedeutet es, heutzutage Mensch zu sein?
Eine ernste, süffisante und niederrheinische
Auseinandersetzung mit dem Leben!
Ab Oktober 2017 im Handel!

Informationen zu Büchern und Tourdaten von
Lesungen:
SteffenKersken.de

Weitere Veröffentlichungen von Steffen Kersken:

Verschlossene Welt - 2003

Mondlichttänzer - 2009

Da machste nix dran! - 2013

Dat is Ansichtssache! - 2015

Ergotherapie in der Psychiatrie – 2017

Hilfe et Weihnachtet! - 2017

Siehsse! Was bedeutet es, Mensch zu sein?
- 2017

Überall im Handel oder:

SteffenKersken.de

Zeitfracht Medien GmbH
Ferdinand-Jühlke-Straße 7
99095 Erfurt, Deutschland
produktsicherheit@kolibri360.de